Le sens des limites

Des mêmes auteurs

Humain. Une enquête philosophique sur ces révolutions qui changent nos vies, Flammarion, 2012 ; Flammarion, coll. « Champs », 2014.
L'espoir a-t-il un avenir ?, Flammarion, 2016.
Entre parenthèses. Mars-mai 2020, en ligne sur www.rpdroit.com

De Roger-Pol Droit (sélection)

Recherches

L'Oubli de l'Inde. Une amnésie philosophique, PUF, 1989 ; Le Livre de poche 1992 ; Points, 2004.
Le Culte du néant. Les philosophes et le Bouddha, Seuil, 1997 ; Points, 2004.
Généalogie des barbares, Odile Jacob, 2007.
Le Silence du Bouddha et autres questions indiennes, Hermann, 2010.

Pamphlets

Votre vie sera parfaite, Odile Jacob, 2005.
La philosophie ne fait pas le bonheur… et c'est tant mieux, Flammarion, 2015.

Pédagogies

Les Religions expliquées à ma fille, Seuil, 2000.
La Philosophie expliquée à ma fille, Seuil, 2004.
L'Éthique expliquée à tout le monde, Seuil, 2009.
Une brève histoire de la philosophie, Flammarion, 2008 ; Flammarion, coll. « Champs », 2010.
Maîtres à penser. 20 philosophes qui ont fait le XXe siècle, Flammarion, 2011 ; Flammarion, coll. « Champs », 2013.

(suite en fin d'ouvrage)

Monique Atlan
Roger-Pol Droit

Le sens des limites

Éditions de
L'Observatoire

ISBN : 979-10-329-1621-6
Dépôt légal : 2021, janvier
2e tirage : 2021, mars

170 *bis*, boulevard du Montparnasse, 75014 Paris

« Vivre, limite immense[1]. »
René Char

1. René Char, « Donnerbach Mühle », in *Arrière-histoire du poème pulvérisé* (1953), *Œuvres complètes*, Gallimard, coll. « La Pléiade », 1983.

Introduction

Crise et déclenchement

Nous vivons une crise des limites. En de multiples sens. Crise des ressources énergétiques et des capacités à imaginer l'avenir. Crise de notre compréhension de ce que sont les limites. Crise de nos possibilités d'agir, restreintes par ces œillères.

La pandémie qui frappe la planète vient de le rappeler avec force. Elle a contraint chacun d'entre nous à prendre conscience, autrement, de la question des limites et de ses enjeux cruciaux.

Cette question, la Covid-19 nous y a tous confrontés, de cent façons différentes mais convergentes. Elle nous a rappelés, brutalement, à une longue série de limites – plus ou moins oubliées, négligées ou écartées.

Limites des corps, des défenses naturelles, des systèmes immunitaires.

Limites des systèmes de santé, des équipements, des capacités d'accueil.

Limites des capacités à prévoir, à anticiper, à réagir.

Limites des connaissances, des recherches scientifiques, des possibilités de découvertes.

Limites des économies, des solidarités internationales, des gestions de crise.

Limites des confiances, des exaspérations, des patiences...

Sans oublier les limites de l'expansion humaine, les frontières entre espèces vivantes, ou encore, dans un registre différent, les limites de la visibilité de l'avenir.

Cette crise soudaine et inédite a réactivé et intensifié quantité de questions relatives aux limites qui existaient déjà. Elle a confirmé que le sens des limites est, plus que jamais, à explorer.

Nous croyons tous savoir ce qu'est une limite. Nous pensons, spontanément, que c'est simple. Et si ce n'était pas le cas ?

Expérience

Prenez une feuille de papier. Tracez au crayon une ligne allant d'un bord à l'autre. Horizontale, verticale, en diagonale, peu importe... Il suffit que la ligne, droite ou non, divise la feuille en deux. C'est tout.

Cette ligne est la figuration la plus directe de ce qu'on appelle une « limite ». Maintenant, observez. Et réfléchissez. Car, en dépit des apparences, cette ligne n'est pas simple. Au contraire, elle soulève quantité de questions. Vous allez vite vous en apercevoir.

Regardez la feuille traversée par la ligne. Voyez-vous deux parties, ou trois ? En disant deux, vous comptez les deux côtés séparés par la ligne. En comptant trois, vous additionnez chacun des deux côtés ET cette ligne-limite qui les sépare.

Changez de regard. En traçant cette ligne, vous avez défini deux espaces, qui préalablement n'existaient pas. En quoi l'un est-il vraiment différent de l'autre ?

Diriez-vous que ce sont des pays, des champs, des jardins qui apparaissent sur ce plan ? Sont-ils amis, ou bien ennemis l'un de l'autre ? ou encore, indifférents l'un à l'autre ?

Et la ligne ? Est-elle étanche ? franchissable ou infranchissable ? Est-ce un fossé, un sentier, une ligne de barbelés, une petite marque au sol ? Comment passe-t-on d'une zone à l'autre ? Cette limite qui les définit a-t-elle, ou non, une épaisseur ? À quel côté appartient-elle ? À l'un, à l'autre, aux deux, à aucun des deux ?

Regardez encore autrement. Imaginez que la ligne soit une route, assez large pour que des gens l'empruntent, y circulent en camion, en voiture, en train. Quel côté de la feuille réglemente les déplacements, sur cette route ?

La limite que vous avez tracée est-elle effaçable ? Si oui, une fois la limite effacée, la feuille, sera-t-elle, pour vous, rigoureusement identique à la feuille blanche du départ, ou différente ? En quel sens et pourquoi ?

Ces bizarres questions sont peut-être insolubles. Et ce n'est qu'un échantillon ! Car ces interrogations en produisent de nouvelles, qui prolifèrent. Il en existe des quantités, et vous pourriez jouer longtemps à en trouver toujours d'autres. Par exemple : est-ce la ligne qui crée le partage entre deux espaces, ou bien, à l'inverse, le partage qui produit la ligne comme son résultat ? Et, puisque vous avez créé cette limite, cela signifie-t-il que les limites sont nos créations ? Est-ce nous qui les instaurons toutes, ou seulement certaines ? Et encore : qu'est-ce qui change si la ligne est discontinue, en pointillé, ou si elle ne va pas jusqu'au bord de la feuille ?

Oui, les interrogations que soulèvent les limites peuvent être si nombreuses que vous n'en viendriez jamais à bout. Vous pourriez reprendre et poursuivre, si le cœur vous en dit, cette première expérience. Et continuer, encore et encore. Mais pourquoi donc ? Serait-ce pour jouer à fonder la limitologie, discipline qui étudie les limites ? Cette discipline n'existe pas. Heureusement.

Une impossible science des limites

En effet, elle constituerait une science très étrange, touchant à tant de disciplines, et à tant de questions, qu'on finirait par ne plus savoir par quel bout la prendre ni où donner de la tête.

La limitologie concernerait, par exemple, le Code de la route, et les débats interminables sur les limitations de vitesse, mais aussi l'astrophysique et les spéculations sur les limites de l'univers, sans oublier l'histoire et ses périodisations, afin de savoir où commence et où finit le Moyen Âge, ou bien ce qui sépare Temps modernes et postmodernes. Elle toucherait également à la physique, avec la vitesse de la lumière ou les couleurs du spectre, à la médecine avec les capacités de notre organisme à endurer la fatigue, la dénutrition, les virus, et ne pourrait ignorer la littérature, pour savoir comment délimiter les genres, les styles, les écoles…

Évidemment, cette improbable science des limites s'annexerait sans peine la morale, puisque celle-ci se préoccupe toujours de tracer des limites entre ce qui est bien et ce qui est mal. Elle engloberait le droit, où il s'agit en permanence de séparer ce qui est permis et ce qui ne l'est pas. Elle se soucierait de la question brûlante de la liberté d'expression, dont certains tentent aujourd'hui d'imposer la restriction par une violence meurtrière. Elle se soucierait des tribunaux, des jugements et de la jurisprudence, dans la mesure où toute décision de justice applique une règle générale aux limites spécifiques d'un cas particulier. Elle s'immiscerait dans les travaux des comités d'éthique, qui visent constamment à tracer les limites entre l'acceptable et l'inacceptable, en particulier parmi les possibilités nouvelles offertes par les techniques médicales.

La philosophie, à son tour, se trouverait capturée. Parce qu'il lui appartient de distinguer entre les limites objectives, qui sont impossibles à franchir (pour des raisons biologiques, physiques ou astrophysiques), et les limites instaurées par les décisions humaines (frontières, règles morales, conventions sociales). Mais aussi parce que la philosophie ne cesse de délimiter les notions, les concepts, les différences entre les idées.

Pour couronner le tout, l'étude des limites ne pourrait se dispenser d'entrer chez les biologistes, car une cellule est d'abord définie par ses limites, ses bords, sa membrane, un organe se reconnaît à ses contours, un organisme vivant à sa forme. Pas de vie sans une relation forte et permanente avec les limites.

Somme toute, la limitologie se révélerait partout chez elle. Dès qu'on distingue, qu'on discerne, différencie, classe, sépare, compare.

On le voit aisément : à force de tout traverser, de n'être étrangère à rien, pareille réflexion sur les limites risque non seulement d'être interminable mais de tourner à vide et de provoquer le vertige.

Ce qui nous préoccupe, c'est le présent. Ce que nous vivons, et ce que nous pouvons en comprendre. Et c'est à cause de ce présent, et de lui seul, que nous en sommes venus à nous intéresser à la question des limites.

« La » question d'aujourd'hui

Il y a une dizaine d'années, en menant une enquête sur les révolutions technologiques du XXIe siècle et leurs conséquences, que nous avons publiée sous le titre *Humain. Une enquête philosophique sur ces révolutions qui changent nos vies*[1], nous avions commencé à prendre complètement conscience de l'enjeu central que constitue, aujourd'hui, la question des limites.

Nous constations, dans ce livre, la tension opposant actuellement deux conceptions de l'humain : « *L'une endure la finitude, la contingence, l'aléa. Elle comprend l'existence humaine à l'intérieur de limites qu'elle ne peut outrepasser ni ignorer sous peine de se perdre. L'autre veut l'illimité, l'affranchissement de toutes contraintes, l'auto-engendrement.* »

Dans la conclusion, nous indiquions aussi : « *On rêve de s'affranchir des limites du corps, du temps, de l'espace, on s'efforce d'augmenter indéfiniment nos capacités, notre durée de vie, notre puissance informatique, nos capacités productives, notre confort de vie. Pourtant, dans le même temps, une conscience aiguë des limites émerge comme l'autre face de notre présent. Chacun sait désormais que la planète est unique, les ressources d'énergie en quantité finie, l'expansion sans*

1. Monique Atlan et Roger-Pol Droit, *Humain. Une enquête philosophique sur ces révolutions qui changent nos vies*, Flammarion, 2012 ; coll. « Champs », 2014.

mesure impossible. Plus de croissance illimitée sur une Terre limitée. [...] Une des clés de notre époque tient dans cette tension entre un toujours plus et un toujours moins, la croissance et la décroissance, le désir d'illimité et la conscience des limites. »

Le présent essai est en quelque sorte une explication de ces quelques lignes, approfondies et mises en perspective, mais également une tentative pour proposer une manière de repenser la notion de limite afin de sortir de l'impasse où nous nous trouvons.

Nous étions déjà en train d'y travailler quand la crise ouverte par la pandémie est venue confirmer l'urgence d'une réflexion sur le sens des limites.

Notre objectif : montrer qu'en utilisant la question des limites comme filtre, les débats de notre époque apparaissent sous un éclairage différent, qui peut dessiner de nouvelles perspectives.

D'abord un diagnostic, celui d'une impasse. Depuis ces dernières décennies domine le fantasme d'effacer toutes les limites. Contre cette tentation de l'illimité, dont nous rappellerons les facettes, se dresse désormais une volonté multiforme de réinscrire les limites, de les imposer de nouveau. Mais cette confrontation est mal engagée, elle repose sur une conception tronquée de la limite, erreur si bien partagée que des adversaires apparents se révèlent plus semblables que différents.

Ce regain d'intérêt pour les limites, nous souhaitons l'accompagner, mais en le remettant, si possible, sur une meilleure voie.

C'est pourquoi il faudra revenir sur la notion de limite, sur les différents sens du mot, puis sur les grandes représentations successives des attitudes occidentales envers les limites. Ce sont d'abord ces représentations collectives, ces récits partagés qui nous intéressent, mais aussi leur impact sur la réalité et leur contribution à l'impasse actuelle.

Comment en sortir ? En repensant la notion de limite. En cessant d'en faire seulement un mur, une barrière, un rempart étanche. En imaginant un autre regard sur le sens des limites, à travers quelques variations sur son rôle de principe organisateur, notamment dans l'élaboration de la pensée, les relations aux autres, l'éthique et la politique.

Première partie

Pourquoi nous sommes dans l'impasse

« Toujours au bord. Mais au bord de quoi[1] ? »

Roberto Juarroz

1. Roberto Juarroz, *Treizième poésie verticale*, Éditions Corti, 2015.

Avis de turbulence

Premier constat : en ce début de XXIe siècle, un avis de turbulences est lancé qui concerne le monde des limites. Des vents contraires l'agitent, entre effacement effréné ou restauration crispée.

Les uns désirent, partout, et par tous les moyens, effacer les limites. Les autres, au contraire, veulent les réimposer, autoritairement, et à tout prix.

Limites à supprimer contre limites à réinstaurer : ces tentations traversent chacun des débats d'aujourd'hui, et conduisent finalement à un sans-issue.

Sans doute parce que, de tous côtés, c'est l'idée même de limite qui est mal abordée, mal pensée. Soit on se la représente de façon fixe et figée, comme contrainte, barrière, entrave, qu'il faut faire sauter pour être enfin libres. Même rigidité, mais usage inverse, chez tout gardien des limites, pour qui il paraît nécessaire de les rendre inflexibles, de les bétonner, pour se trouver enfin protégé.

Nous souhaitons d'abord décrire cette double tentation, ensuite éclairer son histoire, pour montrer enfin qu'il s'agit d'erreurs qui se font écho, comme en miroir.

Chapitre 1

La tentation de l'effacement

Un phénomène inédit est apparu, dans les sociétés contemporaines, ces dernières décennies. Au premier regard, on ne saisit pas tout de suite. Pourtant, un même processus affecte, de façon massive, tous les secteurs de l'activité, de l'économie à la recherche, du politique à la culture. Il bouleverse les vies intimes comme les destinées collectives.

Bien que pendant longtemps il n'ait pas été repéré, il a déjà produit une multitude d'effets – sociaux, techniques, psychiques, anthropologiques. Désormais, ce processus nouveau interroge les contours à venir de l'humanité. Il vise à l'effacement des limites.

Car ce qu'il y a de radicalement neuf n'est pas l'éternel combat des humains pour dépasser les limites, les transgresser, les inscrire ou les déplacer. C'est bien plutôt le désir obstiné de leur effacement, l'obsession d'en finir avec les limites, de les neutraliser. Mieux : de les annihiler. Et ce dans tous les domaines.

Depuis les dernières décennies du XXe siècle, ce désir de suppression est porté et nourri par la mondialisation, la révolution numérique, l'expansion des révolutions technologiques autant que par l'essor du capitalisme financier et la disparition d'horizons à long terme au profit d'un « présentisme » triomphant. Il sous-tend aussi bien le projet transhumaniste de fusion entre humains et machines que la négation des limites entre humains et animaux, le changement de la relation à la nature, le brouillage des genres et de la différence des sexes, la confusion croissante entre vie privée et vie publique...

Sous ces visages différents, une seule et même tentation est à l'œuvre : dissoudre les limites, considérées comme des entraves. Et viser la fusion... Reste à comprendre avec quoi.

Sans doute ce projet n'est-il pas toujours concerté, ni explicitement affiché, et se manifeste de manières différentes selon les registres d'activité ou de pensée. Mais il se révèle effectivement omniprésent. Plus de frontières pour les communications, les flux financiers, les échanges commerciaux. Plus de limites aux profits, expansions, innovations, consommations.

Pas d'entrave ni de ralentissement pour les désirs d'un sujet supposé cosmopolite, mondialisé, mobile. Pas de barrières non plus, sur un autre registre, entre les cultures, les langues, les cuisines. Pour l'individu qui se rêve délocalisé, présent partout à la fois, mobile, fluide, flexible, la *fusion food* défait les limites traditionnelles entre cuisine asiatique et cuisine occidentale, la *world music* explose les barrières entre héritages africain, oriental ou latino...

Homo illimitatus a commencé à envahir la planète, type humain d'un style inconnu qui a émergé à la charnière du deuxième et du troisième millénaire. Sa nouveauté ne réside pas dans ses gènes mais dans sa représentation des limites. À ses yeux, elles sont toutes indésirables. Pour vivre, il lui faut s'en débarrasser. Partout. Afin de fusionner avec ce qui l'entoure.

Passage en revue.

La fusion humains-machines

Jadis existaient des outils, que personne ne confondait avec les mains ni les bras de leurs utilisateurs. Marteau, scie, burin étaient des prolongements temporaires, plus puissants ou plus précis, des membres du corps.

Les outils de transport, chars ou navires, puis les automobiles, ont « absorbé » le corps humain à l'intérieur de leur architecture. Mais il ne fusionne pas avec ces machines. « Faire corps » avec son cheval ou sa moto n'est qu'un fantasme temporaire : cavalier et motard mettent pied à terre.

Le processus qui se déploie aujourd'hui est d'un autre type. Nous faisons l'expérience quotidienne de la coexistence permanente entre humains et « machines de compagnie » : assistants vocaux répondant à nos demandes, robots conçus pour pallier la solitude des personnes âgées, intelligences artificielles mimant nos émotions... Et ce n'est qu'un début.

L'objectif fantasmé devient la fusion humain-machine, par l'effacement des limites qui permettaient de les distinguer. Les êtres humains ne seraient plus utilisateurs de machines, comme récemment. Ils constitueraient des pièces, relativement peu fiables, d'un système de robots où ils n'occuperaient qu'une fonction intermittente.

La pellicule numérique qui recouvre la planète a déjà plus ou moins effacé les limites des esprits individuels, des intelligences séparées les unes des autres, au profit d'une « noosphère » globale qui connecte entre elles d'innombrables machines intelligentes, la plupart en silicium, quelques-unes en matière grise. Pour tous ces éléments, on parle déjà de « réseaux de neurones », sans plus se préoccuper s'il s'agit d'algorithmes ou de cerveaux arrimés à des organismes vivants.

Les écrans se rapprochent du corps, se logent dans la poche, mesurent le pouls, les pas, surveillent le sommeil, les calories. Puces électroniques implantées sous la peau, électrodes fixées dans le cerveau, bras et jambes de remplacement, hybridations expérimentales... toutes les combinaisons deviennent possibles.

Dans ces projets de fusion homme-machine, la limite entre les deux s'efface au détriment de l'humain, fragilisé, relégué.

Effacer les limites du corps

Parmi ces projets, le plus radical est celui du transhumanisme, qui rêve du transfert intégral de notre conscience sur un disque dur. En modélisant point par point notre machine cérébrale, il deviendrait envisageable de faire passer notre conscience sur un autre support. Ce n'est pas simple science-fiction. Depuis les années 1990, c'est le projet poursuivi – de manière détaillée, obstinée, et retentissante – par Ray Kurzweil, l'un des principaux fondateurs de ce courant.

Son but : effacer bientôt, par les moyens de la technologie, toutes les limites de notre enveloppe corporelle. Fini les hasards génétiques, l'usure liée au temps, les bornes imposées par l'âge, la fatigue, les maladies, les virus... Finie, surtout, la limite ultime de la mort que la biologie nous inflige.

Ce plan d'abolition intégrale des limites de l'humanité aurait pu susciter ricanements et haussements d'épaules. Au contraire, le pape du transhumanisme est devenu un auteur de best-sellers, conseiller de Google après avoir été celui du Département d'État américain. Voilà un symptôme : effacer les limites est une tendance lourde, qui suscite bien sûr des craintes, mais aussi de la fascination, voire de l'enthousiasme.

Le vrai problème n'est pas le caractère outrancier de projets prospérant dans des cercles restreints – laboratoires de recherche, départements universitaires, cercles intellectuels. C'est plutôt de constater combien ces discours retiennent l'attention d'un public de plus en plus vaste. L'effacement des limites attire autant qu'il inquiète, parce qu'il correspond profondément à l'air du temps, aux récits que l'on se raconte.

En 2011, nous avions interrogé Ray Kurzweil. À cette époque, ses projets demeuraient peu connus en Europe. À notre interrogation de savoir si nous serions encore des êtres humains une fois téléchargée notre conscience, il répondait que « *l'existence humaine ne dépend pas d'un corps biologique... En fonction de la croissance exponentielle des technologies, les "machines" vont devenir aussi subtiles et souples que les êtres humains. C'est ça, la biologie de l'avenir ! Elle ira au-delà de toutes les limitations*[1] ».

Cet horizon ultime prophétisé se révèle vite métaphysique, voire mystique. Pour Kurzweil, « *le but de la vie est d'aller toujours au-delà des limites. Parmi toutes les espèces, ce que les êtres humains ont d'unique, c'est de transcender toutes les limitations. Nous ne restons pas rivés au sol, ni bloqués sur cette planète, et nous ne restons pas non plus dans les limites de*

1. Monique Atlan et Roger-Pol Droit, *Humain*, *op. cit.*

notre biologie. Cette évolution est aussi un processus spirituel ».

Le transhumain ne se contente pas de repousser les limites, mais veut aller « toujours au-delà ». Objectif : un dépassement si intense et si puissant qu'il devient capable de « transcender toutes les limitations ». Ce qui est en jeu n'est plus un exploit, comme ceux des sportifs, ni un progrès, comme ceux des techniques. C'est une sortie radicale des limites du corps, du monde de l'humanité ancienne, l'accès à un autre univers, enfin dépourvu de toute limite.

Effacer les limites des espèces

Le respect des vies animales est un autre thème omniprésent de notre époque. Il provoque toujours plus d'actions militantes : dénoncer la cruauté des expérimentations en laboratoire, montrer la violence exercée dans les abattoirs, les élevages intensifs et les filières industrielles, faire interdire les spectacles de corrida et l'utilisation d'animaux dans les spectacles de cirque. Des militants extrémistes s'en prennent à des boucheries et charcuteries, au nom d'une idéologie « végane », qui refuse l'exploitation du corps des animaux – manger leur chair, user de leur cuir, de leur laine, ou même se nourrir d'œufs ou de miel.

La prise de conscience aiguë d'une capacité de ressentir commune aux vivants, animaux ou humains, s'affirme. Il y a fort longtemps que cette faculté partagée de ressentir douleurs, terreurs ou bien-être a été soulignée. Chez les Anciens, le poète latin Ovide, le philosophe grec Porphyre l'ont mise en avant, et

Voltaire, au Siècle des lumières, reprend leurs arguments. En 1789, le penseur anglais Jeremy Bentham formule l'essentiel dans son *Introduction aux principes de morale*[1], en affirmant, à propos des animaux : « *La question n'est pas "est-ce qu'ils pensent ?" ni "est-ce qu'ils parlent ?", mais "peuvent-ils sentir ?"* »

Cette sensibilité à la souffrance et au plaisir – cette « sentience », selon le terme forgé par le philosophe australien Peter Singer[2], militant de la cause animaliste – conduit insensiblement à un effacement de la limite entre humains et animaux, à l'idée qu'il n'y aurait pas, entre les uns et les autres, de différence fondamentale.

« Nous[3] », souligne Tristan Garcia, désignait autrefois exclusivement « nous, les humains ». Le droit considérait les animaux simplement comme des choses, non comme des personnes. Aujourd'hui, « nous » tend de plus en plus à signifier « nous, les vivants », englobant ainsi les êtres dotés de sensibilité (« sentients[4] »), qu'ils soient animaux ou humains. Ce changement entraîne de multiples conséquences.

Les premières sont juridiques et politiques : transformer le statut des animaux, reconnaître en droit la catégorie de « personne animale », accorder aux espèces un poids législatif par le truchement de voix humaines qui les représentent dans les assemblées... Tout cela peut être légitime, si l'on n'oublie pas que c'est uniquement par le biais des cerveaux humains qu'existent ces sujets

1. Jeremy Bentham, *Introduction aux principes de morale et de législation*, Vrin, 2011.
2. Peter Singer, *La Libération animale*, Payot, 2012.
3. Tristan Garcia, *Nous*, Grasset, 2016.
4. Peter Singer, *La Libération animale*, *op. cit.*

animaux pourvus de droits, et de voix au chapitre dans les décisions collectives.

D'autres conséquences sont philosophiques, et certaines carrément idéologiques. Philosophiquement, mettre en question la limite humains-animaux pousse à reformuler la définition de l'humanité, à se demander ce qui la différencie de l'animalité. Il faut alors user des outils de l'anthropogenèse et de la génétique, pour déterminer ce qui sépare humains et animaux, ce qui les rapproche, voire les réunit. Cette démarche s'inscrit dans le sillage d'une réflexion par définition jamais achevée.

En revanche, relèvent clairement de l'idéologie tous les partis pris d'un effacement intégral de toute limite entre humains et animaux. Avec le présupposé que de mêmes préjugés présideraient au racisme, au sexisme, et à la suprématie autoproclamée des humains, laquelle porte désormais un nom : « spécisme ». Il faudrait dénoncer cette arrogance humaine, et la combattre aussi ardemment que les autres suprématies dominatrices.

Notre erreur serait de nous imaginer différents et supérieurs, alors que tout ce que nous sommes serait emprunté au monde animal. En abusant des données génétiques, certains ressassent que « les humains ne sont que des animaux ». Avec 98 % de gènes identiques à ceux des grands singes, de quelle différence abyssale l'homme pourrait-il donc se prévaloir ? La limite entre humains et grands singes est à gommer !

Cet effacement des limites entre les espèces s'est prolongé, en sciences humaines, par les efforts pour « naturaliser » la culture. Tout ce qui fit jadis le « propre de l'homme » – langage, transmission des connaissances, valeurs morales, systèmes politiques... – se trouve rattaché, voire réduit, à des comportements présents chez les fourmis ou les mammifères vivant en groupe ou en meute.

Au lieu d'innover, l'humain se contenterait d'étendre et de compliquer ce que d'autres espèces pratiquaient déjà. Sa seule singularité serait sa destructivité. Supérieur, l'homme ? Par sa capacité de nuisance – et rien d'autre. Voilà à quoi peut aboutir ce biais idéologique.

Ce n'est plus du corps qu'on veut se débarrasser, mais de l'idée même d'une spécificité humaine. Il s'agit d'effacer, le plus radicalement possible, la limite ancienne définissant l'humain, et découpant ses contours sur fond d'animalité. En décrétant que l'humain est « un animal comme les autres », on proclame du même coup l'indistinction des différentes espèces animales et la suppression de l'espèce humaine. En abolissant cette limite, on fait disparaître l'humain comme tel, puisqu'elle seule le définit.

À côté des machines, et des animaux, les plantes, la nature dans son ensemble voient se profiler des indifférenciations nouvelles.

Embrasser les arbres, nos frères

Platon se moque des « amis de la Terre » qui pourraient en venir, par aveuglement, à « embrasser les arbres ». Faire une chose pareille lui paraît impossible. Pour le philosophe antique, l'exemple est grotesque. Un arbre se cultive, se coupe, s'utilise, se brûle, éventuellement se contemple. Mais on ne saurait l'embrasser, même si on le respecte, à moins d'avoir perdu la raison. Entre monde humain et monde végétal, une limite infranchissable existe.

Vingt-cinq siècles plus tard, embrasser les arbres est recommandé. On se ressource, croit-on, en enlaçant l'écorce, en s'imprégnant de sa force vitale, en s'immergeant dans les « bonnes ondes » des troncs. Chaque saison, la tendance gagne. Ses apôtres chantent ses bienfaits. La sylvothérapie devient une calinothérapie.

Là encore, ce qui frappe n'est pas l'étrangeté des comportements, mais leurs retentissements dans l'imaginaire collectif. Ainsi, *La Vie secrète des arbres. Ce qu'ils ressentent, comment ils communiquent*[1], de l'ingénieur forestier allemand Peter Wohlleben, est devenu un best-seller traduit en trente-deux langues, malgré ses approximations.

De même, Stefano Mancuso, biologiste italien, professeur de botanique à l'université de Florence et promoteur de la neurobiologie végétale, qui se présente lui-même comme un « éthologue végétal », évoque la sensibilité des plantes, leur « intelligence » et nos possibilités de dialogue avec elles.

Ce parti pris qui met hommes et plantes sur le même plan, avec les mêmes facultés, affirme que les plantes présentent « *des aptitudes cognitives, généralement attribuées aux animaux humains et non humains*[2] ».

En fait, ce qui compte n'est pas la réalité. Si on voulait s'y tenir, on constaterait que toutes les espèces d'arbres ont en commun une capacité de dialogue avec les humains voisine de zéro. Mais cela n'a rien pour échauffer l'enthousiasme ni susciter le moindre lyrisme.

1. Peter Wohlleben, *La Vie secrète des arbres. Ce qu'ils ressentent, comment ils communiquent*, Les Arènes, 2017.

2. Aliénor Bertrand, « Penser comme une plante : perspectives sur l'écologie comportementale et la nature cognitive des plantes », *Cahiers philosophiques*, 2018/2, n° 153, p. 39-41.

Il importe plutôt de rêver que les limites sont effacées. On proclame donc que les arbres parlent, pensent, sentent. Entre eux et nous, plus de différences, plus de barrières. Les frontières seraient seulement le fruit de nos préjugés, erreurs et ignorances. Nos regards, enfin dessillés, reconnaissent dans les arbres nos frères, dans toutes les plantes nos sœurs, nièces, cousines...

La même tendance à effacer les limites se manifeste, la fascination qu'elle engendre correspond au même désir : voir anéanties le maximum de cloisons, de barrières jugées mutilantes, de clôtures qui emprisonnent, d'œillères qui brident la pensée en la canalisant.

La libération naît d'un monde où tout se trouve enfin de plain-pied, sans délimitation, sans contours distinguant des natures dissemblables.

Un seul grand Tout...

Pourquoi s'arrêter en si bon chemin ? Supprimer toute séparation entre les vivants, humains, animaux, végétaux est une bonne chose ? Effacer toute limite entre vie et non-vie est meilleur encore ! On ne se contente pas de dire que les humains sont des orangs-outangs, des cactus, des roseaux... On affirme carrément que tous les éléments de l'univers permutent, se fondent, se métamorphosent, d'atomes en molécules, de cellules en organes.

« *Nous sommes tous un même monde et une même substance*[1] », écrit le philosophe Emanuele Coccia.

1. Emanuele Coccia, *Métamorphoses*, Payot et Rivages, 2020, et entretien avec Emanuele Coccia par Nicolas Truong, *Le Monde*, 5 août 2020.

Après avoir célébré la vie des plantes, il soutient dans *Métamorphoses* que tout ce qui existe – organismes vivants, éléments inertes, Terre, cosmos... – ne forme qu'un seul et unique « moi », indéfiniment transformé, selon des myriades de déclinaisons dissemblables, tantôt grain de sable, tantôt rocher, tantôt algue et tantôt méduse, un jour baigneur, un autre humus. Coccia en est convaincu : « *Nous sommes tous une seule et même vie, qui ne cesse de produire des formes différentes sans changer sa substance. Face à cette identité, toute propriété, toute frontière perd sa signification.* »

Ce type de rêverie émaille l'histoire de la pensée. On en trouve des exemples dans l'Antiquité grecque chez Empédocle, chez Lucien de Samosate (qui en fait la satire), dans la pensée indienne à travers les réincarnations successives qui parcourent la gamme des espèces, à la Renaissance chez Giordano Bruno.

Face à la vogue actuelle des discours qui prolongent cette lignée, il convient d'insister sur quelques évidences. Car s'il est vrai que nous sommes tous des « poussières d'étoiles », si donc de semblables atomes composent le sable, l'algue, la méduse et les baigneurs, on ne peut écarter si vite le fait que des possibilités sans commune mesure naissent d'assemblages très différents. Selon la complexité des agencements, des propriétés émergent, qui empêchent, qui interdisent de tout confondre.

D'autre part, la sensibilité qui permet d'avoir conscience de soi, de dire « moi », résulte d'une organisation spécifique et ne saurait être élargie à d'autres éléments de l'univers, sans abus de pensée et de langage. Ces éléments ne sont pas « moi », et je ne suis pas eux, sauf en rêve... Mais le rêve l'emporte, et fait proclamer n'importe quoi, pourvu qu'on ait l'ivresse.

Pareille circulation entre les espèces, les formes et les organismes dessine un paysage en fusion dans le grand tout, une plongée dans l'indistinction de toutes les manifestations possibles de la vie, dont l'inventivité et la diversité paraissent inépuisables. Cet imaginaire ancien prend un sens nouveau en convergeant avec le grand effacement contemporain des limites entre espèces, entre nature et culture, monde naturel et monde humain. La culture et les sociétés humaines sont pensées en continuité avec le monde naturel et non plus en rupture avec lui, et tout se trouve fusionné en un seul ensemble où n'existent plus que des « nœuds » de relations éphémères, non des limites clairement assignables.

Une formulation frappante de cette dissolution se trouve chez Arne Naess, le philosophe norvégien, fondateur du courant de la *deep ecology*[1]. Cette « écologie profonde » se préoccupe moins de l'épuisement ou de l'accaparement des ressources de la planète que de l'inclusion de l'humain dans un « champ de vue total » qui fait purement et simplement disparaître l'humanité comme entité séparée.

Énoncé fondateur de cette approche : « *Le modèle du champ de vue total ne dissout pas seulement le concept de l'homme au sein de l'environnement, mais tout concept d'une chose comprise comme chose-compacte-au-sein-d'un-milieu.* »

Conséquence : plus aucune existence n'est définie, aucune réalité substantielle, aucun être. Plus rien n'est nettement délimité. Somme toute, plus d'identités. Plus de limites, plus d'espèces, ni de choses, ni d'humain…

1. Arne Naess, *Vers l'écologie profonde*, Wildproject éditions, 2017.

Ainsi, on se retrouverait, enfin tranquilles, dans le profond océan d'une nature sans bornes, et indifférenciée.

Au final, se répète toujours le même rêve : être débarrassé des identités qui assignent, quelles qu'elles soient. Le même fantasme irrigue aussi les constructions intellectuelles sophistiquées de philosophes sur les campus européens ou américains, et les pratiques concrètement à l'œuvre dans les sociétés actuelles, à travers les bouleversements des représentations sexuelles, des modalités du travail, des frontières entre l'intime et le public, comme on va le voir.

En finir avec les limites entre les sexes

Qu'il existe réellement des corps d'hommes et des corps de femmes, personne, au fil des millénaires, dans toutes les cultures connues, n'avait songé à le nier.

Cette différence a donné lieu à d'innombrables mythes, expliquant son origine et son évolution. Elle a suscité des discours innombrables sur ses conséquences psychologiques, juridiques et sociales. Elle a engendré des luttes pour l'égalité, revendiquant des libertés identiques, et une reconnaissance de l'égale dignité des femmes et des hommes.

Cette différence a permis également un vaste champ de pratiques érotiques, hétérosexuelles ou homosexuelles. Des lignes de partage – du permis et de l'interdit, du honteux et du glorieux – l'ont découpé diversement, selon les époques, les milieux, les mentalités…

Toutefois, il n'était jamais venu à l'esprit de qui que ce soit de soutenir que cette séparation première des êtres humains en deux sexes – ancrée dans la physiologie, les organes et les hormones – puisse et doive être intégralement effacée. Pour une part des esprits contemporains, c'est désormais chose faite. Dès lors que fut remplacé le « sexe » – inné, biologique, psycho-corporel – par le « genre » – acquis, social, conventionnel.

Retracer l'histoire de ce mouvement d'idées, de sa naissance, de ses répercussions, n'entre pas dans le cadre de ce livre. Il suffit de noter, à la suite du travail si éclairant du philosophe Jean-François Braunstein dans *La Philosophie devenue folle*[1], comment, des années 1970 à aujourd'hui, depuis les premiers travaux de John Money jusqu'à ceux de Judith Butler, ou de la philosophe et zoologue Donna Haraway, on en est arrivé à postuler que les identités sexuelles devraient tout à la société, rien à la nature. Construits uniquement par le dressage éducatif et les injonctions de l'entourage, ces genres, identités « féminines » ou « masculines », pourraient être déconstruits, abandonnés, remplacés à volonté par d'autres, aussi divers et temporaires qu'on voudra.

En des temps déjà anciens, Simone de Beauvoir ouvrait *Le Deuxième Sexe* (1948) par cette affirmation devenue célèbre : « *On ne naît pas femme, on le devient.* » « Femme », ici, ne désignait pas le corps sexué féminin, mais la « féminité », rôle inculqué socialement, conduisant les petites filles vers le rose, les poupées et la marelle, les préparant dès l'enfance à être épouses soumises et mères dévouées.

Quelques décennies plus tard, la nouvelle théorie va bien au-delà et change de paradigme. Elle présuppose,

1. Jean-François Braunstein, *La Philosophie devenue folle. Le genre, l'animal, la mort*, Grasset, 2018.

finalement, qu'on ne naît ni homme ni femme. On viendrait au monde neutre, sans genre, indifférencié. Organes sexuels et signes physiques secondaires ne prescriraient rien, le corps n'existant que comme surface, outil, masque. La société, seule, façonnerait ces mirages que sont les « genres », imaginés comme des identités fixes, des destins implacables. Pour vivre pleinement et librement – sans limites, une fois encore –, il serait indispensable de s'en affranchir, d'atteindre, selon Jean-François Braunstein, un véritable « mélangisme cosmique ».

Pour Donna Haraway, l'une des figures de proue du néoféminisme américain, ce désir d'indistinction aboutit finalement à un éloge du retour à la poussière : « *Nous sommes de l'humus*, écrit-elle, *pas des homo, pas des anthropos. Nous sommes du compost, pas des post-humains.* » Jadis, l'informe, le décomposé, l'humus étaient ce que l'humain fuyait, ce qu'il laissait derrière lui pour se construire. Par un étrange retournement de l'histoire, cette décomposition devient son avenir, par-delà masculin et féminin.

Cette volonté d'en finir avec des identités sexuelles, rigides et enfermantes, rejoint un désir profond qui hante le présent : le désir d'être multiple, de passer d'une identité à une autre, de glisser de métamorphose en métamorphose, au gré des envies, des caprices, des rêveries et des rencontres. Ici, on dissout les limites en les estompant toutes, pour les franchir sans peine et sans heurt.

Tout devient « liquide » plutôt que solide, comme le soulignait le sociologue Zygmunt Bauman. D'une identité à une autre, d'un rôle ou d'un masque à un autre, on suit les fluctuations de ses envies, comme on passe d'un emploi à un autre en fonction des variations du marché et des opportunités qui se présentent. Il ne s'agit plus d'explorer ses propres limites, de les rencontrer, de les dépasser. Il convient de les frôler, de les éviter en les effleurant à peine, comme dans les sports de glisse.

Le monde sans genres ouvre sur un univers de sexualités floues, ambiguës, multiples, évanescentes, sans contenu déterminé ni limites assignables, dont le mouvement et la multiplicité deviennent les seules caractéristiques.

Cette tendance à estomper les limites pour avancer plus vite, pour glisser d'une perspective à une autre, au risque de tout confondre, se manifeste de même dans le registre de l'économie et du travail.

Effacer les limites du profit

« Toujours plus » n'est pas une formule nouvelle. Les Grecs parlaient déjà de « pléonexie », le désir d'avoir toujours plus. Aristote dénonçait ce mauvais illimité qu'il nommait « chrématistique », l'autoproduction sans fin de richesse, par opposition à l'« éco-nomie », c'est-à-dire les règles (*nomoï*) de bonne gestion de la maison (*oïkos*). Dans les Temps modernes, l'appât du gain, le *greed*, est évidemment le trait distinctif du capitalisme.

Au cours des dernières décennies du XXe siècle, l'économie réelle et le capitalisme financier se sont découplés. Dans l'horizon du capitalisme industriel, il fallait produire des biens, de manière concurrentielle, pour engranger des profits. L'avènement d'une part purement financière de l'économie mondiale et son développement ont mis en cause les limites que constituaient l'industrie et le commerce « réels ».

Avec la titrisation, les cotations en continu, les ordres automatisés, avec la création de produits financiers capables de rentabiliser même les crises, les faillites et les krachs, on a commencé à rêver intensément d'une machine à profits sans fin, sans rivages, qu'aucune limite ne viendrait plus contenir.

Ce modèle toxique d'un enrichissement effréné, délivré des barrières douanières, des règles des États, de toutes les limites juridiques et fiscales, s'est vite imposé à ceux qui bénéficiaient de ses avantages. Il s'est également diffusé dans l'air du temps, a infusé des domaines très éloignés, sans qu'on puisse toujours déterminer, entre le monde financier et l'esprit de l'époque, quel est l'œuf et quelle est la poule, si l'on ose dire.

En tout cas, le sans-limite de la finance a bouleversé le monde du travail, et les existences de tous. Souvent à leur détriment.

Estomper les limites du travail

On distinguait, naguère, lieu de travail et domicile, vie personnelle et vie professionnelle, temps de l'activité et temps du loisir. Ce monde cloisonné paraît lointain, presque étrange, voire étranger.

Les limites qui découpaient ces temps et lieux se sont érodées et défaites. On a vu, inexorablement, la pression monter sur les employés, les sollicitations devenir continues – par e-mails, par SMS, sur les applis et sur les intranets d'entreprises –, à tel point qu'il a fallu, souvent, fixer de nouvelles limites là où elles semblaient sur le point de disparaître entièrement. Jusqu'à quelle heure doit-on répondre aux questions de son patron ? Où commence et où finit le temps de travail ? Quels messages exigent d'être traités d'urgence, quels autres peuvent attendre, ou être négligés ?

Faute de pouvoir répondre à ces questions – par absence de règles explicites, par peur d'être mal notés, par crainte de perdre leur emploi... –, de nombreux salariés se sont retrouvés victimes de burn-out. Indiscutablement, il s'agit d'une maladie engendrée par l'effacement des limites.

De même que les cloisons ont disparu dans les *open spaces*, que les travaux se mélangent et se juxtaposent dans le « multitâche[1] », de manière comparable les horaires deviennent indistincts, les activités également... Finalement, l'emploi et la vie se confondent, sans ligne de partage. Faute d'absence de dehors, ou de temps d'arrêt.

La pandémie a renouvelé et accentué ces questions. Le télétravail, étendu et imposé, a supprimé plus encore les changements d'espace, transformé les horaires, mélangé les registres de l'existence. Avec des avantages immédiats qui conduisent beaucoup de ceux qui le découvrent à vouloir continuer, et des inconvénients qui se révéleront, insidieusement, au fur et à mesure. Mais surtout avec une extension symptomatique de l'effacement des cases.

Par ailleurs, la révolution numérique et la digitalisation de nos vies – connectées, exposées, mémorisées

1. Antonio A. Casilli, *En attendant les robots. Enquête sur le travail du clic*, Seuil, 2019.

sur les serveurs et les réseaux – ont métamorphosé les anciennes démarcations entre vie privée et vie publique.

Il était rarissime, antérieurement, de donner à voir son domicile, ses repas, son lieu de vacances ou ses fêtes amicales. Il est devenu courant d'exhiber son assiette sur Instagram, ses colloques sur LinkedIn, ses vacances sur Facebook, ses humeurs sur Twitter, ses dialogues sur TikTok, ses fesses sur Tinder... entre autres. Tout se passe comme si on ne pouvait plus lire, manger, rire, boire ou jouir, ni s'ennuyer, ni rêvasser, ni même se promener sans partager immédiatement ces instants avec des amis dispersés ou virtuellement avec la terre entière. Pas de moment vécu sans photo, vidéo et message. Pas de temps de vie sans une multitude de « likes », que l'on espère, dont l'absence engendre dépression, colère ou frustration.

Cet effacement des limites de l'intime et du privé ne paraît pas du même ordre que les précédents. Pourtant, il converge avec les autres processus de disparition des barrières. Cette ouverture de soi aux regards des autres renforce le sentiment que moins subsisteraient de limites, plus on serait heureux et libres. Dans un possible rêve de transparence ultime.

Dans ce brouillage de la limite privé-public, le bris de la clôture qui entourait naguère l'intimité provient tout autant des désirs des individus que des machines.

Du côté des sujets, beaucoup semblent désormais n'avoir le sentiment de leur propre existence que par selfies interposés, tweets continuels et posts permanents. « Je m'exhibe, donc je suis » devient la maxime de ces individus qui reçoivent confirmation de leur être à travers le regard des autres – autrement dit « du dehors » plutôt que « du dedans ».

Au lieu d'avoir d'abord conscience de soi, et ensuite d'être jugé, reconnu ou trahi par les autres, ils donnent l'impression de devoir passer par le filtre des autres pour prendre conscience d'eux-mêmes. En quelque sorte, leur intériorité se trouve externalisée.

Mais cette métamorphose des limites de la vie privée n'a pas pour seule cause les contours neufs de la subjectivité. Les mémoires des machines y contribuent aussi. Parce que les traces de nos parcours, de nos jeux, de nos erreurs comme de nos provocations ne sont pratiquement plus effaçables.

Autrefois, l'oubli n'avait pas besoin d'être exigé comme un droit. Tout simplement parce que cet oubli, le plus souvent, était un fait : ce qu'on avait vécu, ce qu'on avait dit, était soit facile à effacer, soit difficile à retrouver.

Voilà qui est fini. La mémoire numérique, fragmentée sur une kyrielle de supports, unifiée par les algorithmes de recherche, contient des quantités faramineuses d'instants de nos vies. Peu importe que nous les ayons oubliés, les machines les conservent. Peu importe que nous les ayons protégés, chiffrés ou cryptés, ils demeurent accessibles. Peu importe, même, que nous les ayons mis en ligne volontairement ou non, ils sont là.

On dira qu'il existe des garde-fous, des pare-feu, des sécurités. Ce n'est pas faux, mais très relatif. Les multiples scandales traversés ces dernières années par Facebook, Google, Cambridge Analytica et tant d'autres l'ont montré.

Quand ce ne sont pas les multinationales qui utilisent nos données, les piratages, les trafics de hackers sur le Dark Web, les attaques de la cyberguerre internationale peuvent réduire en cendres, en une seconde, la pseudo-sécurité qui protège, si peu, si mal, notre infime enclos de secrets privés.

Voilà pourquoi l'univers numérique contribue massivement, lui aussi, à l'effacement général des limites : plus de limites dans l'espace, puisque nous nous connectons de tous les points du globe à des serveurs dont nous ignorons presque toujours la localisation, plus de limites dans le temps, puisque nous accédons directement, à l'instant même, à des données qui ont une heure ou un siècle, pratiquement plus de limites à l'investigation, à l'archivage, au stockage ni au recoupement des données, plus de limites, ou de moins en moins, entre le subjectif et l'objectif...

Sur le Web, rien ne meurt. Nous y sommes déjà immortels, en quelque sorte. La dernière limite, l'ultime, celle de la mort, aurait-elle cédé, virtuellement ? Beaucoup rêvent aujourd'hui de parvenir à l'effacer, réellement.

Effacer la limite ultime de la mort

Longtemps, la mort fut considérée, universellement, comme la marque de l'humain. Tous les vivants, végétaux ou animaux, sont destinés à périr, mais la caractéristique des humains était d'en être conscients. Parce qu'ils se savaient mortels, les humains ont commencé à s'interroger sur l'au-delà, à inhumer les morts, à créer des rituels funéraires.

En raison de cette conscience de leur finitude, les humains sont appelés *brotoï* (les « mortels ») par les Grecs de l'Antiquité. Les dieux sont les « immortels », alors que plantes et animaux sont des vivants ignorant qu'ils vont mourir. Entre les deux, seuls les humains savent qu'ils mourront.

Cet horizon de finitude est en passe de s'effacer des consciences individuelles et des représentations collectives. Écartée, passée sous silence, devenue invisible, la mort est reléguée dans les hôpitaux et les Ehpad, balayée du champ des préoccupations.

Au cours du XXe siècle, si tout le monde a continué à mourir, on s'est de moins en moins soucié de la mort. Le vieil adage de Socrate, « Philosopher, c'est apprendre à mourir », repris par Montaigne, puis par Schopenhauer, a fini par s'estomper, au profit de « Philosopher, c'est apprendre à vivre ». La limite de la mort s'est floutée, perdant l'antique omniprésence qui donnait sens à l'existence, en la montrant précaire, brève, bornée.

Un pas de plus est franchi au XXIe siècle. L'ultime limite n'est plus simplement soustraite au regard. Il est question, explicitement, de l'effacer à jamais. « *Nous pouvons certainement arrêter la mort* », nous confiait, en 2011, le biologiste Douglas Melton, professeur à Harvard. Les propos de ce chercheur de notoriété mondiale sont un signe du nouvel état d'esprit : la mort n'est plus un destin, c'est un problème en voie de résolution. Une imperfection, dont bientôt on ne parlera plus. On meurt encore, mais c'est provisoire. Cela va s'arrêter, « certainement ». Ce n'est pas une impossibilité.

Là, de toute évidence, se produit un basculement décisif : croire que c'est possible. Être convaincu, intimement, qu'un jour, plus ou moins proche, cette limite n'existera plus. Il ne resterait que l'intendance à mettre au point, les bonnes pratiques à roder. Une fois les protocoles fixés, tout serait en place…

Ne plus mourir ne serait qu'une affaire de régénération cellulaire, selon Douglas Melton, dont c'est la spécialité. Ou de nanorobots dans nos artères, pour Ray Kurzweil, le transhumaniste. Ou encore d'allongement de nos télomères, ou finalement de pièces de rechange pour nos organes vitaux. Peu importe. La vraie question n'est pas celle des moyens proposés, ou supposés. Ils varient selon les disciplines, les experts et leurs compétences respectives. La question consiste dans cette conviction qu'effacer la mort serait possible, légitime et souhaitable.

Or pareille conviction n'a rigoureusement rien de scientifique. Elle repose, intégralement, sur une croyance. Pétition de principe, parti pris, fantasmagorie, comme on voudra, l'effacement de la limite de la mort n'est pas de l'ordre des faits, mais du registre des chimères. Dans l'ordre des faits, comme la pandémie actuelle nous le rappelle implacablement, la mort frappe toujours.

Certes, rien n'exclut que l'on puisse un jour dépasser la limite génétique de nos capacités, qui se situe aux alentours de 110 ans. Repousser l'échéance de notre disparition au-delà de cette limite deviendra peut-être possible. On peut imaginer que des organismes humains soient en mesure de survivre quelques décennies de plus. Allons, soyons fous ! On mourra à 300 ans, envisageons-le… Fort bien, mais on mourra quand même. La limite sera repoussée, elle ne sera pas abolie.

Chapitre 2

La tentation du durcissement

Plus l'effacement des limites triomphe, plus se constituent, en contrepoids, des tentatives pour l'endiguer. Ces formes de résistance, venues d'horizons différents, voire opposés, ont en commun d'agir pour que les limites, loin d'être abolies, soient maintenues, ou plus encore renforcées, démultipliées, même rigidifiées.

Ces dernières deviennent alors étanches, solides, épaisses – afin d'être transformées en boucliers contre des menaces, en digues contenant un danger venant du dehors. Ces limites sont censées protéger contre une destruction jugée imminente, qu'il faut empêcher – *à tout prix*.

Réaction populiste

« *Build the wall... Build the wall...* » (« Construisez le mur ») scandaient sans cesse en 2016 les partisans de Donald Trump au cours de sa première campagne présidentielle. Édifier un haut mur, de plusieurs centaines de kilomètres, pour rendre infranchissable aux migrants la frontière entre le Mexique et les États-Unis, fut un des projets inlassablement repris au cours de cette campagne, puis un des dossiers phares du Président. Bien que le résultat final soit globalement un échec, le symptôme est parlant.

Contre les Latinos qui s'infiltrent, supposés envahir le territoire américain, considérés comme voleurs d'un travail qui doit revenir aux citoyens légitimes, il faudrait dresser une limite protectrice, édifier une barrière physique étanche. Cette frontière se veut d'abord rempart.

Il ne nous appartient pas ici de diagnostiquer la pertinence ou la fausseté de ces affirmations d'un point de vue économique ni juridique. Pas plus que de souligner leur aspect raciste, ou xénophobe, ou de chercher quel désarroi – social, sexuel, psychologique, politique... – des « petits Blancs » se cristallise dans cette obsession du mur à construire.

Seule importe ici la nécessité d'une restauration de la limite, de sa réinscription plus vigoureuse et plus efficace que jamais, pour préserver un monde sur le point de se défaire.

On a reconnu l'axe central des populismes, et ses diverses applications : protectionnisme commercial, rétablissement ou renforcement des frontières, souci affiché de préférer les « gens d'ici » aux « gens d'ailleurs », de préserver les « nôtres » de la horde des « autres ».

Ces traits se retrouvent de l'Amérique de Donald Trump à la Hongrie de Viktor Orbán, de l'Italie de la Ligue du Nord à la France du Rassemblement national, sans oublier la multitude de partis ou de ligues qui reprennent ces thèmes dans pratiquement toute l'Europe.

Contre l'effacement des frontières qu'organise la mondialisation, le retour à la souveraineté des États-nations.

Contre l'invasion supposée des « étrangers », la préférence nationale et l'expulsion des migrants. Contre les hybridations et les métissages culturels, la défense crispée des identités, supposées fixes et clairement délimitées.

Il n'est pas toujours possible de savoir précisément, dans ces discours, dans quels cas les identités proclamées sont seulement des héritages de coutumes et traditions, des habitudes culturelles locales, ou bien des ancrages raciaux dans « un sang et un sol » dont il faudrait protéger la pureté – forcément supérieure – des souillures venues d'ailleurs et des miasmes d'un cosmopolitisme apatride.

Une chose est sûre : les limites sont menacées, leur défense est impérative, leur renforcement urgent. Voilà l'invariant. Il vaut bien au-delà des frontières géographiques ou ethniques. Sans surprise, les mêmes mouvements prônent un durcissement des limites hypertrophié dans pratiquement tous les domaines où leur effacement est à l'œuvre.

Ce qui vaut pour les frontières géographiques entre États, préservant économies patriotes et identités nationales, vaut aussi pour les identités sexuelles et la procréation biologique. *Grosso modo*, les mêmes familles d'esprit soutiennent la nécessité de surveiller fermement les limites des territoires nationaux et les limites des rôles respectifs des femmes et des hommes, des pères et des mères, des parents et des enfants.

Il n'y a pas superposition intégrale : ce ne sont pas toujours les mêmes qui promeuvent la préférence nationale en matière d'emploi et refusent le mariage pour tous, la PMA, ou encore la gestation pour autrui. Il existe effectivement une gamme de nuances fort variées entre ces prises de position.

Elles ont en commun de s'activer pour que soient préservées des limites. Mais il ne s'agit plus de les maintenir seulement. Il faut les renforcer, les durcir, les réinscrire, contre le brouillage, le trouble, avec plus de force et de netteté qu'auparavant.

Un des traits de ces combats pour défendre les limites est leur propension à la surenchère dans la rigidité. Face à un mouvement d'effacement profond, multiforme et tenace, *Homo limitans* n'est pas uniquement conservateur. Il ne se contente pas de sauvegarder, contre le flot qui les dissout, des limites préexistantes. Il devient, au sens propre du terme, réactionnaire. Il réagit à l'abolition des limites, qu'il perçoit comme un danger mortel, par un surcroît de vigilance. Une crispation intense le porte à renforcer les barrières, quitte à vouloir figer des situations qui évoluent. Ou à tenter de ressusciter des époques déjà disparues.

Il s'agit de ne pas caricaturer. Ni de se laisser emporter par sa première impression. Les mouvements populistes rameutent des peurs, des ressentiments et des haines que nous ne partageons en aucune manière. Ils signalent le trouble et l'inquiétude qu'engendrent la tentation et les dérives du sans-limite.

Pour ne pas sombrer dans un chaos, ils s'arriment à des limites supposées « dures », jugées intangibles. Celles des identités nationales, des souverainetés étatiques. Celles des sexes biologiques et des rôles qui en découleraient nécessairement dans la procréation, dans les rôles éducatifs, voire dans la société.

Les piliers de leur ordre sont toujours des lois supposées telles que nul décret humain ne peut les modifier :

lois de Dieu, lois de la nature, ou leur fusion dans les lois de la nature voulues et décrétées par Dieu. Les limites auraient donc été établies une fois pour toutes, et les sauvegarder devient un devoir sacré.

Ces traits, attirants pour certains, répulsifs pour d'autres, ne doivent pas faire oublier qu'en durcissant ainsi les limites ces mouvements défendent, avec des moyens inadéquats, une fonction positive.

Car il est trop simple d'imaginer toute frontière défensive, d'abord sécuritaire, uniquement destinée à repousser les étrangers. Elle a originairement pour fonction de délimiter qui l'on est, de tracer le contour de la communauté à laquelle on appartient. De permettre de donner corps, donc limites (ou limites donc corps), à soi-même, condition première pour avoir des relations avec les autres, ceux qui vivent par-delà.

Sans doute est-ce quand on se sent mal assuré de soi-même, dévalorisé, déclassé, délaissé – à tort ou à raison – que l'on commence à se crisper sur une frontière uniquement défensive. Ce rempart contre les autres est alors le signe d'un affaiblissement de soi, d'un malaise interne qui conduit à douter de ce que l'on est, et à se fortifier, croit-on, en se barricadant, en décrétant infranchissables et immuables les limites de son « chez-soi », territoire, identité, culture.

Durcie, transformée en mur, en clôture étanche, en rempart identitaire et imaginaire, la limite se fait alors excluante et agressive. Elle n'est plus séparation qui permet une interaction, elle se mue en barbelés, destinés à interdire tout passage.

À ceux qui veulent ôter les limites font donc face ceux qui les figent et les rigidifient. Les populistes, souverainistes et apparentés ne sont pas seuls à s'activer en ce sens. De manière plus massive encore, mais également plus complexe, le mouvement écologique est un autre marqueur de limites.

Homo ecologicus

Ricardo, un des fondateurs au XIXe siècle de l'économie classique, considérait que l'air et l'eau n'avaient pas de prix. Pour lui, ils ne pouvaient en avoir, parce qu'ils étaient « disponibles en quantité illimitée ».

En moins de deux cents ans, tout a changé. L'eau est devenue ressource vitale dont ni la quantité ni la disponibilité ne sont illimitées. Recyclage, purification, filtrage, acheminement, usage judicieux des ressources hydrauliques constituent des enjeux décisifs pour l'avenir. La rareté fait même craindre à certains de futures « guerres de l'eau ».

Chacun sait à présent combien les ressources en air, si on veut le conserver respirable, impliquent de limites à nos rejets domestiques, industriels, automobiles, etc.

Entre le monde de Ricardo et le nôtre ont émergé une série de changements et de prises de conscience qui dessinent notre paysage actuel, fort éloigné du sien.

Globalement, l'écologie est tout entière du côté des limites, de leur prise en compte et de leur mise en œuvre, à l'inverse de la tentation de l'effacement.

Aujourd'hui, nous savons que notre exploitation des ressources planétaires ne peut se poursuivre sans fin et sans contrôle.

Nous savons que les capacités terrestres, notamment en matières premières, énergies fossiles, terres agricoles, ne sont pas infinies.

Nous savons que la possibilité d'absorption par la planète des rejets de CO_2, des déchets nucléaires, des particules de plastique et de quantité d'autres nuisances industrielles comprend des seuils à ne pas dépasser, sous peine d'un dérèglement pouvant devenir hors de contrôle.

Nous savons que nos manières de consommer, de produire, de polluer dépassent sur bien des points les limites des capacités de renouvellement des ressources.

Nous savons que nous n'avons pas de planète B. Nous comprenons donc qu'il nous faut changer de façons de faire. C'est-à-dire tenir compte de l'ensemble de ces limites et cesser de faire comme si elles n'existaient pas.

Sur tous ces points existe dorénavant un indéniable consensus. Rares sont les inconscients, sinistres ou risibles, qui proclament encore que rien n'a changé, qu'une expansion sans limites est possible et souhaitable. Au contraire, depuis plus d'un demi-siècle, la prise de conscience écologique est le lieu principal d'une préoccupation renouvelée envers les limites. Réduction et limitation deviennent des mots d'ordre.

L'expression *planet boundaries* (les « limites » ou « frontières de la planète ») est même devenue une formule officielle des documents internationaux, qui dressent la liste de neuf limites à prendre en compte impérativement, parmi lesquelles le changement climatique et l'érosion de la biodiversité arrivent en tête, mais ne sauraient faire oublier l'acidification des océans ou l'augmentation des aérosols dans l'atmosphère.

Homo ecologicus est bien, avant tout, un *Homo limitans*. Les limites de la planète le motivent. Il ne se contente pas de les constater, il en pose, exige qu'on les respecte. Dans l'industrie, l'agriculture, les transports, le commerce. Dans la vie quotidienne comme dans la Constitution. Dans l'alimentation, l'habillement et le chauffage, tout autant que dans les échanges internationaux et les laboratoires de recherche.

Quelle que soit la diversité « *des* écologies », comme le souligne le théoricien et militant écologiste Dominique Bourg, leur dénominateur commun demeure la question des limites : limites des ressources, des rejets supportables, des pouvoirs humains, des droits d'exploiter. En outre, les conséquences découlant de la prise de conscience des risques engendrés par une production-exploitation-consommation illimitée se présentent toutes comme des limitations, attendues, conseillées ou imposées : limitation des prélèvements humains sur les espèces vivantes (pêche, chasse), des émissions de CO_2, de polluants, de la consommation des énergies fossiles, etc.

On perçoit vite que les limites dont se préoccupe l'écologie ne sont pas uniquement celles des émissions de gaz à effet de serre ou des taux de particules fines, mais aussi, plus décisivement, celles de la place de l'humain, de sa spécificité ou non comme espèce vivante, de sa responsabilité ou non dans l'évolution de la Terre, de son inclusion ou non dans les équilibres de la nature.

À l'évidence, il s'agit là de limites liées à des considérations métaphysiques, religieuses, philosophiques, politiques, entre autres... tout autant qu'industrielles ou scientifiques. Ce changement de registre est souvent subreptice, peu présenté, explicité et clarifié comme tel, masqué par des considérations à première vue purement techniciennes. Au risque d'un simplisme qui dénie la complexité et renforce les impasses.

Car c'est là, principalement, que naissent les vrais désaccords, les querelles et divisions de fond à propos des actions à mener. Selon que l'on placera les limites écologiques très haut ou très bas, qu'on les considérera très lointaines ou toutes proches, déjà atteintes ou largement dépassées, on obtiendra des diagnostics très différents, des discours et des jugements très dissemblables.

Mais cette conscience des limites, dans sa diversité, se retrouve guettée, à son tour, par la tentation d'une crispation, d'un durcissement.

Si l'on juge qu'il faut imposer des normes strictes, urgentes, autoritaires, on verse immanquablement dans les politiques punitives et les tentations totalisantes, si ce n'est totalitaires. Avec la meilleure conscience du monde, puisqu'il s'agit de préserver la vie, la Terre et l'humanité de sa propre démesure et de sa folie.

Toutefois, personne ne doit oublier qu'au long de l'histoire rien ne s'est montré plus dangereux que la conviction d'agir au nom du Bien. Pour le bien de l'humanité, dans le but d'assurer à tous un avenir radieux, des crimes colossaux ont été commis.

La dictature du limitariat

Armée de certitudes, de vertu exemplaire et de pureté absolue, une frange, la plus radicale, de l'écologie passe sans vergogne du légitime souci des limites à l'implacable dictature du limitariat.

À la nécessité impérieuse de changements techniques et industriels se substitue le rêve fanatique d'en finir avec l'industrie et la technique, d'imposer partout régression et punition. À la régulation de la consommation, elle préfère son extinction, remplace croissance par décroissance, science par obscurantisme, et avenir par retour à un passé idéalisé.

Convaincue que le modèle économique occidental est l'ennemi à abattre, que son extension à toute la planète la mène à sa ruine, que ce système ne peut ni comprendre ni changer, cette frange militante persiste à vouloir tout abattre, comme au XIXe siècle, en recyclant les lambeaux d'un paléomarxisme éteint.

Voilà où se séparent les chemins. Car il est tout à fait possible aujourd'hui de prendre en compte les limites énergétiques, climatiques, alimentaires, industrielles, sanitaires et autres et de tabler sur les efforts conjugués de la recherche et du développement pour inventer des issues durables. Rien n'interdit d'imaginer l'édification, pas à pas, d'une croissance régulée, écoresponsable et positive, qui assure à la fois la prospérité et le respect des équilibres planétaires. Dans cette direction s'orientent d'ailleurs de très nombreuses démarches de transition écologique.

Que la voie à suivre soit complexe et souvent incertaine est une évidence. Savoir dans quelle mesure et dans quel secteur sont préférables croissance ou décroissance est un débat qui ne fait que commencer. S'ajuster aux bonnes limites tout en tenant compte des contraintes économiques et sociales, les mettre en application avec succès exige des efforts collectifs et soutenus, sur le long terme. Et des moyens de compréhension renouvelés. Et aussi des ressources, des inventions, et sans doute, globalement, de la croissance plutôt que de la décroissance.

À moins qu'on décrète tout le système définitivement irrécupérable. Alors, on proclame sa destruction nécessaire, convaincu que sa nocivité est irrattrapable, ses méfaits sans remède, son organisation viciée à jamais.

Chaque fois, c'est la manière d'aborder l'idée de limite qui fait la différence.

D'un côté, on transige, on négocie, on invente – afin de parvenir à instaurer des limites intelligentes, adaptables, s'ajustant de manière nouvelle à des impératifs parfois opposés.

De l'autre côté, on se fait intransigeant, on punit, on impose. On met en œuvre des limites qui sont comme des couperets, des interdits intangibles, implacables, des menaces de mort.

Et bientôt tout sera effondré...

Quelques-uns font un ultime pas de plus, et jugent que nous avons déjà dépassé les limites de l'irréparable. Les méfaits du monde illimité – déchets, toxicité, surexploitation des ressources – sont tels qu'ils ne pourraient plus être freinés. Il serait donc trop tard. Quoi que nous fassions, le monde de la civilisation « thermo-industrielle » va s'effondrer.

Principalement parce que cette civilisation s'est tout entière édifiée sur une utilisation effrénée d'énergie qu'il ne sera bientôt plus possible de poursuivre. Il lui faut du pétrole, ou d'autres énergies fossiles, pour produire des aliments, les transporter, les transformer, distribuer les produits finis dans des centres commerciaux où les consommateurs viennent les chercher en voiture avant de les réchauffer, chez eux, au moyen de gaz ou d'électricité...

Entre un monde où l'on va cueillir à sa porte ce qu'on a semé ou planté et cet échafaudage de relais, qui tous consomment de l'énergie et accroissent le réchauffement planétaire, l'écart est colossal. La croissance se veut illimitée, les ressources sont limitées. Résultat : on se précipite vers l'abîme. À toute vitesse. Trop tard pour sauver le monde.

Il ne nous resterait donc qu'à nous préparer à sa fin, présumée imminente, inéluctable et apocalyptique. C'est à cette conclusion qu'arrivent les adeptes de la « collapsologie », terme inventé en 2015 par l'ingénieur agronome Pablo Servigne et Raphaël Stevens, expert en résilience des systèmes socio-écologiques. Cette collapsologie se veut « science de l'effondrement[1] » mais reconnaît quand même au passage qu'elle se fonde essentiellement sur une « certitude intuitive ».

Des nuances distinguent les calendriers de cette fin du monde, les scenarii de son déroulement, les détails de l'agonie de l'humanité et de la biodiversité que nous avons connue. On peut négliger ces variantes. Seule chose à retenir : tout va bientôt s'effondrer, au fil de catastrophes effroyables.

« *Dans cinq ou dix ans le problème du logement sera réglé car les gens seront morts*[2] », affirme Yves Cochet, ancien ministre de l'Écologie. Dans son « essai de collapsologie », *Devant l'effondrement*, il prophétise : « *Oui, l'effondrement du monde est proche ; oui, l'événement sera brusque et brutal.* » Avec un

1. Pablo Servigne et Raphaël Stevens, *Comment tout peut s'effondrer. Petit manuel de collapsologie à l'usage des générations présentes*, Seuil, 2015.

2. Yves Cochet, *Devant l'effondrement. Essai de collapsologie*, Les Liens qui libèrent, 2019.

imperturbable sérieux, il envisage quantité de possibilités – climatiques, énergétiques, bactériologiques ou géopolitiques – aboutissant toutes au même résultat : plus de la moitié de l'humanité périra avant 2050.

On a vu, depuis ces dernières années, s'accumuler les annonces prophétisant l'effondrement de la civilisation occidentale et les mises en garde sur l'extinction de l'humanité. Cette dernière serait en péril, menacée de manquer de tout dans peu de temps, « *le* XXI*e siècle étant celui de l'épuisement. Pour l'heure, on continue en roue libre, comme un engin fou, prêt à aller dans le mur...*[1] ».

Certains, on l'a dit, construisent des murs comme défenses imaginaires. Les collapsologues, eux, sont persuadés de s'écraser prochainement contre des murs pas moins imaginaires. C'est un des leitmotivs, répété en boucle depuis les années 1970 et les analyses du Club de Rome et de Dennis Meadows sur les limites de la croissance : « Nous allons dans le mur. » Depuis plus d'un demi-siècle, ce mur inévitable et proche ne se rencontre pas. L'épuisement des ressources, présenté comme imminent, se trouve régulièrement démenti par les faits, les découvertes de nouveaux gisements, de nouveaux procédés, de nouvelles technologies.

En fait, l'option délibérément adoptée par les collapsologues est celle d'une fin du monde et de l'agonie inévitable d'une humanité irresponsable. Comme il ne s'agit que d'une hypothèse, fondée sur l'interprétation et l'extrapolation discutables de données elles-mêmes discutées, le débat ne saurait porter sur des faits. Ni

1. « Fred Vargas : "Le XXIe siècle est celui de l'épuisement" », *Madame Figaro*, 26 mai 2019.

sur une théorie que l'on puisse soumettre à l'épreuve d'une expérience la confirmant ou la mettant en échec.

Insensiblement, la collapsologie se mue en « collapsosophie », à laquelle on se « convertit » pour mettre en pratique une prétendue « sagesse de l'effondrement ». Non dénuée d'ambiguïté.

Les collapsologues sont plutôt à considérer comme des gens qui haïssent l'humanité. Ainsi, Yves Cochet se prononce pour un contrôle drastique des naissances afin de préserver la planète, ce qui revient à souhaiter que l'espèce humaine s'amenuise et s'éteigne. Pablo Servigne le confirme : « *Le mot "humanité" a toujours été pour moi une aberration.* » Cette haine secrète est assez puissante pour souhaiter que l'humanité disparaisse, voire pour s'en réjouir comme d'une bonne perspective. Les collapsologues ne sont pas mécontents, somme toute, de voir châtiée l'arrogance de cette mauvaise espèce dont la Terre, bientôt, sera enfin délivrée. Se croire plus malin que la nature, plus fort que les éléments, voilà qui mérite bien de périr, non ?

Toutes ces pauvres fictions devraient provoquer, au choix, fou rire ou commisération. Ou les deux. Pourtant, la collapsologie retient l'attention. Elle suscite, au moins dans certaines franges de l'opinion, grande peur et moult débats.

L'unique commentaire, en ce qui nous concerne, consiste à mettre en lumière à quel point il s'agit bien toujours d'une affaire de limites, mais sur un mode à la fois éperdument durci et désespéré. Notre perdition serait sans limites.

Chapitre 3

Anatomie d'une impasse

Cette première exploration du paysage actuel aux prises avec les limites pourrait faire conclure à une opposition simple, tranchée, manichéenne, entre ceux qu'on pourrait appeler les *goodies* et les *badies* des limites. Les uns rêvant de s'en affranchir, s'imaginant y être déjà parvenus. Les autres s'activant pour les réinscrire, quitte à le faire autoritairement.

Il ne s'agirait, sur un ring imaginaire, que d'un simple affrontement conflictuel autour du thème des limites. À ma droite, *Homo illimitatus*, libéré de toute entrave. À ma gauche, *Homo limitans*, s'activant à fixer bornes et carcans.

Deux camps, deux processus contraires, deux mouvements tirant dans des directions opposées...

Voilà qui est, en réalité, trop simple, trop superficiel, insuffisamment éclairant pour décrire ce qui est à l'œuvre, même si cette opposition correspond évidemment à des sensibilités, à des discours et à des réalités sociales qui se heurtent.

En réalité, l'un n'existe pas sans l'autre. On pourrait même dire que l'un est issu de l'autre et vice-versa. C'est bien le mouvement à marche forcée de l'illimité qui a suscité, par compensation, le contrepoids rigoureux mais caricatural d'une réimposition brutale des limites. L'un ne va pas sans l'autre, comme dans un effet de balancier.

En outre, l'impasse devant laquelle nous nous trouvons ne résulte nullement d'un pseudo-combat à l'issue incertaine entre parties opposées. Si aucune perspective n'apparaît, ce n'est pas parce que les forces en présence se trouvent en équilibre, et leur bataille sans vainqueur.

C'est au contraire parce que cet affrontement n'est qu'une apparence, un trompe-l'œil. Il n'existe qu'en surface, comme une couche superficielle – simples vaguelettes, gesticulations, clapotis. Avers d'un en-dessous où dominent, de façon paradoxale, des convergences massives, comme en miroir, sur la façon d'envisager les limites, de se les représenter. Là est l'impasse. Dans cette convergence de fond, non entrevue, entre ces deux tentations qui semblent s'affronter autour de la représentation des limites. L'impasse se situe dans les points communs qui les rassemblent et l'emportent sur les divergences affichées. Une impasse en forme de deux tentations qui n'en font plus qu'une à double face. En raison de la même radicalité qui travaille et unit ces opposés.

Dans les deux cas, on ressent une même intensité dans ce désir insatiable qui vise soit à balayer les limites, soit à les renforcer. Dans un identique refus de la négociation, de l'ajustement, de la prise en compte des nuances, de l'acceptation de compromis autour de l'idée et de la représentation de ce que constitue une limite.

Dans les deux cas, les limites sont pensées selon l'unique logique, implacable, du « Tout ou Rien ». En d'autres termes, le rêve jusqu'au-boutiste du « Tout » de l'illimité ou du « Rien » de la restriction. Ou encore, à l'inverse, du Tout de la restriction des limites ou du balayage des limites jusqu'au Rien. Réversibles. En surenchère permanente.

Ou l'on efface toutes les frontières, ou l'on renforce partout murs et barrières. Ou bien l'expansion impérieuse, la consommation effrénée, le déploiement des techniques ne supportant aucun frein, ou bien les restrictions drastiques, contraignantes, comminatoires.

Cette radicalité impérieuse conditionne la définition des limites. Elles paraissent soit absolument insupportables, donc à détruire, soit absolument indispensables, donc à imposer coûte que coûte.

Progrès exponentiel sans frein contre camisole de force : telle est l'impasse. Choix impossible, inexistant.

Sous cette apparence d'antagonisme, une même incompréhension, voire une même négation de ce qu'est vraiment une limite. Quand la représentation se crispe, la limite devient barrière rigide, ardemment redoutée ou désirée, à abattre violemment ou à figer totalement.

Aborder ainsi les limites de manière radicale, pour les annihiler ou pour les éterniser, revient dans les deux cas à les nier, à les ignorer, à les rater, donc à se retrouver dans une étrange proximité en forme d'impasse.

Les Grecs nommaient ce genre de situations « aporie », c'est-à-dire voie sans issue, cul-de-sac pour la pensée.

Pourquoi, précisément ? En raison du risque d'un retour à l'indifférencié, par des chemins différents.

Supposons, en effet, que toutes les limites soient effacées. On se retrouverait dans un *continuum* unique, où l'on circulerait indéfiniment, passant d'un moment à un autre, d'une espèce à une autre, d'un genre à un autre... pratiquement sans transition. Cette abolition des contours ferait perdre la notion de l'existence des autres et jusqu'à sa propre identité, désormais non repérable. Personne n'étant quoi que ce soit de délimité ni de définissable, personne ne serait rien. Il n'y aurait plus ni intérieur ni extérieur, ni ici ni ailleurs, ni soi ni autre. L'effacement intégral conduit à l'indifférencié et à l'indistinct. Dans ce monde fictif, l'altérité disparaît. Et, avec elle, l'identité.

Mais il en serait de même dans un monde hermétiquement clos, barricadé sur lui-même, défini par une limite rigoureusement étanche qui protégerait si intégralement de l'extérieur que celui-ci n'aurait plus d'existence qu'imaginaire, sur le mode fantasmatique de l'inconnu et du menaçant. En concevant les limites comme des murs, les frontières comme des remparts, les restrictions comme des punitions et des diktats autoritaires, on en vient à supprimer, autrement mais également, les autres.

En restant entre soi, en parquant les « autres » au-dehors, en coupant les ponts, on constitue une uniformité, une sorte d'homogénéité restreinte contre le magma menaçant que l'on imagine grouiller de l'autre côté de la frontière. La limite qui enferme pour protéger exclut le dehors, le diabolise et le désincarne. Elle empêche, elle aussi, toute existence réelle, vivante, c'est-à-dire en relation avec d'autres que soi. À l'intérieur de l'espace enclos par une limite pétrifiée, il n'y a plus personne, car il n'y a plus d'autre.

Plus généralement, la question des limites se transforme en impasse dès qu'on généralise et totalise, en voulant soit effacer toutes les limites, soit les rigidifier toutes, alors qu'il n'existe, dans la réalité, que des cas singuliers, diversifiés, qu'il convient d'examiner un par un. Selon les cas, certaines limites seront à réinscrire ou à dépasser, d'autres à nuancer ou à renforcer. « Certaines », jamais « toutes ».

Quand *Homo illimitatus* annule l'idée de l'autre, *Homo limitans* l'exclut. Des deux côtés, le vide. Le désincarné. La disparition des tensions et relations qui constituent la vie, le réel, les alliances et les heurts.

Quand *Homo illimitatus* vise une fusion avec le grand Tout du toujours plus, *Homo limitans* vise la séparation, l'enfermement, le Rien du toujours moins.

Voilà pourquoi ces mouvements qui semblent se faire contrepoids ne sont pas si opposés qu'ils en ont l'air. Ils se révèlent plutôt jumelés. Derrière la radicalité, le tout ou rien, la confrontation aiguë, une perte similaire de la relation aux autres les réunit.

Pour le dire autrement, ces mouvements, en apparence opposés, aboutissent par des voies différentes à une semblable « mêmeté », ramènent le monde à l'identique, à une abstraite identité, désincarnée.

Si les *Illimitatus* visent la fusion par la réduction au même de toutes les espèces et par le retour au grand Tout, les *Limitans*, eux, se réfugient soit dans le même de l'identitaire et de l'entre-soi, soit dans un antispécisme écologique qui ne retient plus comme définition de l'humain qu'un individu universel pensé dans son seul rapport à l'environnement, coupé de toutes les multiples caractéristiques qui le constituaient jusque-là comme sujet politique. Dans *La Fin du monde et de l'humanité*, Hicham-Stéphane Afeissa note justement qu'« *au nom de l'idée que "nous sommes tous dans le même bateau", tous exposés au même péril écologique, l'écologie politique entérine l'égalité de n'importe qui avec n'importe qui dans une série d'équivalences et de circularités entre les diverses demandes sociales, laquelle constitue la forme la plus radicale de la disparition de la scène politique qui mettait ensemble des mondes séparés où s'affrontaient une pluralité de sujets politiques hétérogènes*[1] ».

Ne reste plus qu'un humain dévitalisé de sa part politique, dépolitisé, indifférent aux autres questionnements et combats socio-économiques pour l'égalité, la justice sociale.

En réalité, la tentation commune qui travaille les deux faces de ce mouvement impérieux réside dans cette forme, inédite et paradoxale, de sortie du politique que produisent leurs partis pris idéologiques.

Si l'une des définitions du politique se situe dans l'art et la capacité de la négociation, du compromis, il y a impasse chaque fois qu'un combat ne retient que sa part idéologique, et s'en contente pour éviter la contradiction. Idéologique, c'est-à-dire affirmé et promu de façon passionnelle, par des messages et mots d'ordre simplifiés à outrance, saturés de certitudes. À commencer par la conviction d'agir au nom du vrai, du juste et du bon, d'œuvrer du côté des belles âmes toujours soucieuses du bien. Cette même certitude croit connaître sûrement les bornes qui départagent le salut de la perdition.

C'est donc avec le même sentiment inébranlable de bien faire, de défendre le bon camp, d'être justifié et légitimé dans tous ses actes et ses discours qu'on œuvrera à défaire les limites ou à les consolider.

1. Hicham-Stéphane Afeissa, *La Fin du monde et de l'humanité*, PUF, 2014.

Ces attitudes, caricatures symétriques et inverses, en miroir, schématisent et figent les situations concrètes. Leurs dogmes simplistes passent à côté de réalités subtiles, changeantes, évolutives.

Cette impasse, il faut tenter d'en sortir. Bien sûr, nous ne possédons aucune solution miracle. Mais nous pensons entrevoir comment les issues sont verrouillées. Ce qui bloque la réflexion, c'est la représentation rigide de la limite-barrière, à faire sauter pour se libérer, à fortifier pour se protéger.

Les limites sont bien plus diverses, nuancées, complexes, interactives, multifonctionnelles que cette représentation pauvre et fruste ne le suppose.

Il faut donc recommencer, reprendre à partir du début. Se demander ce qu'on appelle « limite ». À quoi sert cette notion. D'où elle vient. Quelle est son histoire. Quel est son contenu. Reparcourir le sens étymologique des limites, avant d'en repréciser le sens, c'est-à-dire aussi l'orientation.

Il ne s'agit pas d'élaborer une encyclopédie, plutôt de rassembler des éléments utiles, au fil d'un voyage au pays des limites. Afin de les envisager sous des angles renouvelés, pour tenter de débloquer la situation.

Deuxième partie

Ce que limite a voulu dire

Sur la route, cette ligne blanche continue marque une limite à ne pas dépasser. La franchir expose au danger – pour autrui, pour soi – et aux sanctions. Elle constitue une sorte de mur invisible.

Une ligne blanche qui incarne de la manière la plus simple, la plus épurée, et la plus directe une image première de la limite : un tracé sur le sol, une délimitation indiquant ce qu'il ne faut pas franchir.

La même ligne blanche, discontinue cette fois, représente une frontière différente, qu'il est possible de traverser, à certaines conditions.

Ici, possibilité ou impossibilité sont de droit, non de fait. Physiquement, il est facile de dépasser la ligne blanche, même quand elle est continue. Aucun obstacle matériel ne s'y oppose. Ce tracé matérialise une règle instaurée par le Code de la route. Ce qui empêche de la franchir est le respect de la loi, pas une glissière en métal.

Que l'on respecte cette limite par civisme ou par peur du gendarme, ou bien qu'on ne la respecte pas, par témérité ou par inadvertance, c'est une autre histoire. L'important est que tout le monde s'accorde sur ce constat élémentaire : les lignes blanches, ou jaunes, ou de toute autre couleur, n'apparaissent pas spontanément dans la nature, ce sont des symboles instaurés par nos décisions, des limites artificielles.

Continuons à nous imaginer en voiture. Les limites sont partout ! La vitesse est limitée. Elle est variable selon les types de route, les environnements, les régions – c'est un sujet de polémiques récurrentes. L'autonomie du véhicule est limitée, en fonction du carburant ou de la batterie, mais ce n'est plus cette fois une limite de droit, mais de fait. Cette limite physique peut être modifiée et repoussée, si le rendement du moteur est meilleur, le stockage de la batterie plus performant. À ces limites mécaniques se superposent encore celles de notre organisme : limite des capacités visuelles, de l'acuité oculaire, de la résistance à la fatigue... Ces limites de fait sont naturelles, liées à notre constitution organique, et peu modifiables. On peut certes se doper ou prendre des stimulants, mais un point sera vite atteint qu'il sera impossible de dépasser.

La route traverse des champs pourvus de clôtures, des parcelles de terrain délimitées par des bornes. On aperçoit des propriétés avec des murs d'enceinte, des pâturages entourés de fils de fer ou de haies. Cet usage agricole des limites est sans doute le plus ancien de tous. Borner les terrains, délimiter les champs, constitue la fonction rurale et première des limites matérialisées.

L'usage s'est diversifié, et répandu. À tel point que partout des lignes, visibles ou fictives, servent de frontières. Entre communes, entre la ville et la campagne, entre États souverains. Souvent, ce maillage est purement administratif. D'autres fois, ces frontières séparent des mondes, voire se révèlent mortelles.

Aujourd'hui, en Méditerranée, au Mexique, dans d'autres régions du monde, de plus en plus d'hommes, de femmes et d'enfants tentent de franchir des lignes de démarcation. À pied, sur des bateaux surchargés, tassés au fond d'un camion, ils risquent leur vie pour passer « de l'autre côté », espérant qu'au-delà de cette limite tout pour eux sera mieux, plus vivable, moins désespérant.

Leurs trajets transgressent parfois les limites de la légalité en vigueur. À l'inverse, ceux qui les aident, par solidarité, jugent essentiel de ne jamais franchir la barrière séparant l'humanité de la barbarie, quitte à piétiner quelques limitations administratives. Face aux migrants, d'autres proclament la nécessité impérieuse de faire respecter les limites des territoires nationaux, en surveillant les frontières, en expulsant ceux qui passent illégalement. La question des limites devient l'enjeu d'affrontements juridiques, mais aussi politiques et idéologiques.

La crise sanitaire engendrée par la pandémie de la Covid-19 a aiguisé à sa façon quantité de limites, en séparant les contaminés, en confinant plus de quatre milliards de personnes dans le monde, en accentuant les partages entre dedans et dehors, familiers et inconnus. Les masques limitent la diffusion de notre souffle, les marquages au sol, les distances entre les corps indiquent les limites à respecter pour que la pandémie puisse être endiguée.

Décidément, les limites sont partout.

Labyrinthe ?

Elles nous entourent sans cesse – diverses, disparates, dissemblables, innombrables. En dresser la liste serait interminable. Limites naturelles des côtes, des crêtes de montagne, des lisières de forêt. Limites des végétations selon l'altitude ou la profondeur marine. Limites physiques des ébullitions, des mélanges, des distillats, des résistances de matériau, des capacités d'absorption... Limites juridiques des tribunaux, des Codes, des arrêts. Limites logiques des démonstrations, des arguments, des axiomes. Limites mathématiques des fonctions, des suites, des ensembles. Limites sociales des convenances, des usages, des protocoles. Limites morales du bien et du mal, du juste et de l'injuste, du vrai et du vraisemblable. Limites de ce qu'on peut dire et de ce qu'on peut taire. Limites de nos forces, de nos volontés, de nos résolutions, de notre patience...

Au premier regard, le labyrinthe des limites peut paraître sans issue, si tortueux qu'on s'y perd, si vaste qu'on ne sait comment s'orienter. Un labyrinthe est d'ailleurs lui-même une mise en scène très particulière, un jeu avec les limites qui multiplie impasses et cul-de-sac pour rendre plus compliqué de trouver l'issue et sortir de l'enfermement. Il se pourrait bien qu'examiner la question des limites revienne à entrer dans un labyrinthe, et à chercher la sortie, si elle existe.

En attendant, on doit retenir qu'on trouve de tous côtés, dans notre existence, des limites – depuis les commencements de la vie jusqu'à sa fin.

En effet, l'expérience de la limite constitue, pour chacun d'entre nous, une leçon très ancienne et intime. L'espace de l'enfance est tissé de limites – le bout du jardin, la route qu'on ne doit pas traverser, la porte close... – qui entrelacent intimement dimension spatiale et dimension morale.

« Jusque-là, mais pas plus loin », pour tous les enfants du monde, une consigne de ce genre représente la première approche du permis et du défendu. Et ce clivage dure longtemps, se poursuit presque indéfiniment, partageant le monde en domaines accessibles ou non, en autorisations valides, suspendues ou périmées.

Longtemps après que les enfants ont grandi, des limites divisent toujours l'espace en zones libres ou interdites, des chantiers jusqu'aux files d'attente, en passant par le stationnement des véhicules. La validité d'un billet de train, ou d'un billet de banque, dépend de l'aire où l'on se tient. « Au-delà de cette limite, votre ticket n'est plus valable. »

On se souvient que l'écrivain Romain Gary avait choisi ce titre pour un roman sur l'âge et le vieillissement. Il rappelait ainsi que la limite n'est pas seulement spatiale, mais, bien sûr, également temporelle. Si un geste vient trop tôt, personne ne peut le comprendre, il ne correspond à rien. Si, au contraire, il arrive trop tard, une page s'est déjà tournée, une époque est close. « Avant l'heure », « après l'heure » sont séparés par une limite qui donne ou qui ôte leur pertinence et leur portée à nos faits et gestes.

Pareille limite temporelle est parfaitement claire et nette quand il s'agit d'horaires de transport ou de réunions, cela va de soi. Mais elle se révèle très floue quand il s'agit d'époques historiques, par exemple. Où donc commencent, et où donc finissent, l'Antiquité, le Moyen Âge, la Renaissance, les Temps modernes ? Nous n'avons plus affaire à des limites fines et ténues. Ce ne sont plus des lignes nettes, plutôt des zones vagues. Mais cela ne les empêche ni d'exister ni de se révéler cruciales.

Séparations internes

Malgré le halo d'imprécision qui les entoure, certaines limites demeurent constamment présentes dans nos pensées. Nous ne savons pas exactement où finit l'amour et où commence l'indifférence. Nous aurions bien du mal à indiquer où se termine une curiosité de plus en plus attentive et où s'installe la passion véritable. Entre les sentiments, émotions et affects, les frontières ne sont pas tracées au cordeau. On ne passe pas de l'un à l'autre comme on change de pièce dans une maison. Ce sont des transitions, des processus. Mais ces états nous occupent et nous préoccupent.

Surtout, nous avons clairement conscience, en comparant départ et arrivée, qu'une limite a été franchie. Nous nous aimions, et c'est fini. Nous nous connaissions à peine, voilà qu'un grand feu nous consume, etc. Qu'on parle de « point de non-retour », de « seuil », d'« inflexion », peu importe. Ce qui compte : le passage, le franchissement d'une limite étendue, la métamorphose progressive de ce que nous éprouvons.

Il existe en effet des limites internes. Elles sont même aussi nombreuses, aussi diverses que celles rencontrées au-dehors, sans oublier que la distinction entre « dedans » et « dehors » est elle-même une question de limite, et des plus complexes. Ces limites « internes » concernent bien plus que sentiments et émotions. Dès qu'il s'agit de discerner entre des valeurs, des notions, des concepts, on se trouve confronté à la nécessité de préciser leur délimitation, leur champ d'application, ce qui les départage et les distingue.

Il ne s'agit plus de respecter la ligne blanche, clairement visible sur la route, matérialisant ce qu'on ne doit pas franchir. Il ne s'agit pas non plus ni de suivre les arêtes d'un meuble qui dessine ses contours et sa silhouette. Ni même de repérer, dans ce qu'on éprouve, la transformation de la sensibilité. Cette fois, il s'agit d'opérations intellectuelles, logiques, de tri entre les pensées.

Il existe, en grec ancien, un verbe exprimant très bien cette série d'actions mentales. *Krinô* veut dire à la fois « séparer », « distinguer », « trancher », « expliquer », « décider », « juger »... On peut être surpris d'une telle série de sens, la trouver au premier regard hétéroclite. Au contraire, ce verbe dit que la pensée commence par séparer, par écarter les uns des autres des éléments agglutinés. Elle tranche dans ce qui est collé, compact, donc confus. Elle défait les plis, met à plat, donc éclaire. Pour faire le tri, choisir, décider, réorganiser.

Ce n'est pas par hasard que le verbe *krinô* a donné naissance à *kritikos*, « critique », et à *krisis*, la « crise ». La critique – qu'elle soit philosophique, esthétique ou littéraire – discerne, évalue, sépare en hiérarchisant. Elle instaure des limites de validité, de goût, de jugement. La critique, comme toute entreprise normative, est une usine à limites. Quant à la crise, elle sert d'abord, dans le vocabulaire médical d'Hippocrate et de Galien, à désigner une bifurcation : le moment où le sort du malade se décide, allant soit vers la guérison, soit vers la mort. Toute crise est un temps où les limites se défont et se remanient.

Séparer pour discerner est loin d'être une invention des Grecs. Dans la langue biblique, en hébreu, le verbe *lehavdil* signifie à la fois « séparer », « distinguer » et

« discerner ». Parce qu'il s'agit d'une seule et même opération. Sans séparation, rien n'est distinct ni discernable. L'acte créateur est toujours un acte de séparation, de discernement. À commencer par celui de la création du monde dès les premiers versets de la Genèse.

Ainsi, quand nous parlons, jugeons ou distinguons, nous posons et déplaçons sans cesse des limites, sans le savoir, comme Monsieur Jourdain fait de la prose. Dès que nous cherchons le sens d'un mot, que nous associons deux idées, que nous différencions deux notions. Pas de pensée ni de paroles qui ne fassent intervenir des limites.

Voilà que les limites semblent envahir tous les domaines. À tel point qu'il paraît devenu difficile de discerner ce qui en est dépourvu.

Et pourtant... Nos désirs ont-ils des limites ? Nos ambitions, nos appétits ? nos rêves, nos utopies ?

Façons de parler, manières de vivre

Dresser un inventaire des limites pourrait devenir une tâche... sans limites. Heureusement, il est possible de classer cette multiplicité foisonnante, même succinctement. En effet, dès qu'on observe l'ensemble du paysage, plusieurs familles de limites se remarquent.

Certaines sont indiscutablement naturelles. Nous ne les avons pas créées. Nous les constatons, en les rencontrant, comme la ligne de partage, à l'horizon, du ciel et de la terre, ou de la mer, le passage du jour à la nuit et inversement, les confins de l'atmosphère terrestre, par exemple. Ou simplement la membrane d'une cellule.

Ces limites existent en quelque sorte « par elles-mêmes ». Elles sont ancrées dans le monde et dans la nature des choses, bien qu'elles ne deviennent des limites que pour un observateur, pour une conscience qui les discerne. L'horizon, par lui-même, ne départage rien, si aucun regard ne s'y porte. Il n'existe comme limite que pour un esprit.

D'autres limites sont artificielles, culturelles, conventionnelles, instaurées par des décisions humaines. Elles sont posées ou tracées seulement en fonction des partages que nous opérons. Ce sont, par exemple, les frontières des États et tous les découpages administratifs, les divisions entre lieux sacrés et lieux profanes, les distinctions entre valeurs et significations morales.

Quelques-unes semblent à cheval entre ce que nous décrétons et ce que nous rencontrons. C'est le cas, exemplairement, de la prohibition de l'inceste – cette limite instaurée est un fait culturel, mais son universalité dans les sociétés humaines peut conduire à la considérer aussi comme naturelle. L'interdiction du meurtre constitue également un interdit majeur qui limite les actions humaines de manière quasiment universelle. En tout lieu, à toute époque, il a constitué une limite essentielle destinée à rendre possible la coexistence et la cohabitation. Des exceptions existent à cet interdit (victimes rituelles, violences guerrières), mais elles sont codifiées, et délimitées.

Ce classement rudimentaire n'est sans doute pas inutile. Mais il se révèle vite insuffisant face à l'avalanche d'interrogations qui submerge la pensée sur la nature des limites, sur leur meilleure définition. Sur leurs fonctions. Sur le désir de les effacer, ses causes et ses conséquences. Sans oublier leur présence dans les expressions de nos propos quotidiens.

C'est ainsi que nous disons de quelque chose « C'est limite », de quelqu'un qu'il « est sans limites », ou qu'il est « limite vulgaire », qu'une action « dépasse les limites » car, nous en sommes sûrs, « il y a quand même des limites ». Toutes ces expressions désignent une forme de démesure, de dépassement d'une limite communément admise, dans les comportements, les mœurs, l'esthétique ou la morale. Mais chacune apporte une nuance qui fait voir la question sous un angle particulier.

Quand « c'est limite », on frôle l'excès, la faute ou la transgression. Celui qui est « sans limites » semble dépourvu de frein interne, de toute retenue comme de toute mesure. D'autres expressions, comme « il y a quand même des limites... », qu'on entend si souvent, dans des circonstances si disparates, en disent un peu plus.

Le « quand même » proclame la fin d'un moment de tolérance. On a laissé faire, on a fermé les yeux, abandonnant des règles anciennes, des usages habituels. Et voilà que cela suffit. Un seuil a été atteint, une borne dépassée. Trop, c'est trop. Voilà en tout cas ce que l'on éprouve. Alors, on rappelle avec vivacité que des limites existent, que tout a des limites, et qu'il serait bon de ne pas l'oublier... sous peine de désordre généralisé et de pagaille incontrôlable.

On tente alors de siffler la fin du laxisme, de restaurer des digues que l'on juge en train de céder. Contre l'excès, contre la démesure, il s'agit de tenter un rappel aux normes. Contre la déraison, réelle ou présumée, le retour au raisonnable, du moins à ce qui est jugé tel.

Dans ce genre d'appel cohabitent fréquemment des éléments disparates. Tantôt des nostalgies crispées, guindées, figées produisent seulement des discours vains et réactionnaires, qui s'accrochent à des limites devenues caduques. Tantôt des indignations vertueuses rappellent, contre l'indifférence croissante et l'apathie générale, que tout n'est pas permis et qu'il faut aussi savoir refuser, fermement, l'intolérable.

« C'est limite vulgaire » ne dit pas que la grossièreté a tout balayé, mais qu'on s'en approche fortement, sans toutefois l'atteindre. Peu importe le terme qu'on juxtapose (on dira, par exemple, « limite rebelle », « limite crade », « limite porno », « limite grandiose », etc.), la démarche est identique. Et intéressante. Car la limite, ici, est ce qu'on n'atteint pas, mais vers quoi on tend. Ce dont on s'approche, parfois très près, mais sans y parvenir tout à fait.

Ce sens suppose de concevoir encore autrement la limite. Comme l'étape ultime d'un mouvement qui ne va pas jusqu'au bout. Ce qui évoque le sens de la limite en mathématiques : 10 est la limite de 9 si on envisage de poser 9,9 puis 9,99, puis 9,999, etc., indéfiniment, sans jamais atteindre 10. On « tend » donc vers 10, vers la limite, mais on ne la touche jamais.

Voilà qui est fort différent de la ligne blanche sur la chaussée. La ligne blanche délimite deux côtés distincts, elle partage la route en deux, une partie autorisée et une partie interdite, et reste franchissable, sous peine de danger et sous peine d'amende. La limite mathématique, au contraire, ne partage rien. Elle délimite, mais parce qu'elle reste inaccessible. Elle indique seulement le mouvement interminable qui tend vers elle sans l'atteindre. Elle ne se trouve pas entre, mais au-dehors.

Continuons cette première exploration du pays des limites en restant dans le domaine des mots. Nous venons d'entrevoir quelques expressions courantes, mais que pourrait apprendre le mot « limite » lui-même ? D'où vient-il[1] ?

Chez les Romains

La limite est originairement liée au sol, à la terre, à ses découpages, à ses partages, et à leur visibilité. *Limes*, le mot latin qui a donné naissance au français « limite », désigne un sentier, un passage entre deux champs. Chez Virgile, dans les *Géorgiques*, c'est un chemin traversant les champs. Chez Pline, le verbe *limitor* veut dire « faire un chemin ».

Ce détail n'est pas insignifiant : il suggère en effet que l'on peut arpenter la ligne de partage. Elle possède une épaisseur. Ce n'est pas simplement une frontière réduite à une ligne, mais un espace, un entre-deux, où il est possible de circuler, et qui n'appartient à aucun des deux champs se trouvant de chaque côté.

Cette signification première de *limes* va longtemps persister, même quand le mot s'appliquera aux bordures de l'Empire romain. C'est toujours une route que l'on emprunte, de forteresse en forteresse, un espace intermédiaire entre le dedans et le dehors. Durant les premiers siècles de notre ère, *limes* devint en effet le nom des zones intermédiaires entre Romains et « Barbares ».

1. Voir Jackie Pigeaud (dir.), *La limite. XVIes entretiens de La Garenne Lemot*, PUR, coll. « Interférences », 2012.

En deçà s'appliquaient les lois de Rome, sa domination militaire et sa paix. Au-delà régnaient d'autres pouvoirs, ceux de chefferies et de tribus insoumises. Entre les deux, des camps fortifiés, des tours de guet, parfois un mur continu sur lequel on se déplaçait. Ainsi le mur de l'empereur Hadrien, au nord de l'actuelle Angleterre, ou encore des fortifications le long du Rhin et du Danube, mais aussi en Arménie, dans l'actuel Irak et dans l'actuelle Syrie. Par ces dispositifs, l'Empire romain défendait son territoire et son pouvoir.

Ce dispositif combinant le rempart et la route se retrouve en Asie, avec la muraille de Chine et ses centaines de kilomètres qui servaient à faire circuler des troupes et des marchandises, tout en marquant la séparation entre l'empire du Milieu et les « barbares ».

Ces limites, chinoises ou romaines, n'étaient nullement des frontières au sens moderne. Plutôt des zones tampons, des « marches », comme on disait autrefois. Des étendues traversées de rapports de force, de tensions, des lieux d'affrontements sporadiques, mais aussi d'échanges, d'observations, de transactions.

Le *limes* des Romains était interactif, si l'on ose dire. Il se déplaçait au gré des conquêtes ou des défaites. Il se maintenait au prix d'une constante vigilance. Et surtout, il était clos, infranchissable, ou bien perméable, selon les fluctuations des rapports de force.

Cela permet déjà de comprendre que les limites peuvent être étanches et défensives, ou bien poreuses et filtrantes. Ces deux faces n'ont d'ailleurs pas cessé d'habiter les conceptions de la frontière, jusqu'à nos jours, dans les États modernes. Soit on la conçoit comme une clôture hermétique protégeant ceux du dedans contre ceux du dehors, et l'on aura une représentation rigide de l'identité nationale. En anglais, on usera du terme *boundary* pour parler de cette frontière. Soit on la pense comme un espace organisant la circulation dans les deux sens entre gens du dehors et gens du dedans, et l'on aura une vue polycentrée, inter-nationale, que l'anglais nomme *frontier*.

En tout cas, le premier ancrage de la représentation des limites est territorial. Le village va jusque-là, pas plus loin. Le terrain de chasse de la tribu cesse à cet endroit. La ville, la région contrôlée, ont pour contours ces repères, et pas d'autres. Affaire de bornage, de marquage. Dans la Rome antique, chaque fois que l'on fondait une cité, que l'on circonscrivait un site, la première tâche était d'en désigner les limites. Romulus, le fondateur mythique de Rome, découpe des lanières de cuir dans des peaux de bœuf pour délimiter le périmètre de la ville. Parce que son frère Rémus saute, par jeu, au-dessus de cette frontière, Romulus l'assassine. On ne plaisante pas avec les limites, dans la Rome archaïque.

Finis est l'autre mot que les Romains employaient pour dire la limite. Il s'applique d'abord aux terrains agricoles, et désigne la limite d'un champ, les frontières d'un territoire, tout comme *limes*. Isidore de Séville, à la fin du VIe siècle, dans son œuvre encyclopédique intitulée *Étymologies*, le précise nettement : « *Le nom de* fines *("limites") vient de ce que la division des terres est faite au moyen de cordes (*funiculi*). Car, quand on divise des terres, on tend des fils pour les mesures, afin de maintenir la régularité de la mesure*[1]. » (Livre 15, § 14)

1. Chaké Matossian, « Réaliser la limite, un parcours du tracé », in Jackie Pigeaud (dir.), *La limite*, *op. cit.*

Si le point de départ est identique, l'accent est mis, cette fois, sur ce qui se termine : la fin de la propriété, l'ultime région d'un pays ou la dernière étape d'un processus. *Finis* insiste sur la cessation, exactement comme notre mot « fin ».

Et, toujours comme le nôtre, ce mot latin a deux sens : la cessation mais aussi le but, l'objectif poursuivi. Entre les deux, le lien est simple : on arrive à ses fins... à la fin. Une fois atteint le but que l'on s'était fixé, l'action cesse, une autre prend sa place. Et, bien sûr, l'on poursuit ses activités tant que le but n'est pas atteint.

En prolongeant cette association d'idées, le mot *finis* s'est chargé d'un sens supplémentaire, que *limes* ne possède pas : le summum, le comble, le degré suprême. On ne peut pas aller plus loin, plus haut, on se trouve à l'apogée. *Finis bonorum*, littéralement la « limite des biens », c'est le bien suprême dans la langue de Cicéron, le bien ultime – pas moyen de le dépasser, d'en trouver un supérieur.

Les limites peuvent donc être aussi des sommets, des intensités, des maxima – dans le positif comme dans le négatif. Un film qui transporte ses spectateurs « aux limites de l'horreur » ne les conduit pas simplement au bord de la terreur. Il les plonge dans la frayeur la plus extrême.

Les Romains ne connaissaient pas le cinéma, mais ils auraient sans doute inscrit « *Finis* » à la fin du film, là où Hollywood a choisi d'écrire « *The end* ». La dernière image est une limite. Il n'y en a pas d'autre. Le film est achevé. Donc voilà qui suffit...

Chez les Grecs

Chemin faisant, nous constatons que rien n'est aussi simple que nous le pensions. Une notion qui semblait évidente se révèle plus riche, plus dense qu'on le croyait. Elle se feuillette, se diffracte, se complexifie au fur et à mesure que nous avançons. Un coup d'œil au lexique du grec ancien le confirme.

Peras est le mot usuel qui dit la limite dans le vocabulaire d'Eschyle, d'Euripide, de Platon, d'Aristote. Mais il s'emploie aussi pour dire la fin, l'extrémité, aussi bien en un sens spatial (les extrémités de la terre) qu'en un sens temporel (mettre fin à la guerre). Le *peras* grec a également la possibilité, comme le *finis* latin, de désigner le plus haut degré, le summum, ce qui est suprême. Mais il y a plus étrange.

Peras vient du verbe *perô*, « traverser », « franchir », « dépasser ». Voilà qui surprend. On pourrait certes imaginer que la limite est juste l'endroit où le mouvement s'arrête, où la traversée prend fin. Ce serait simple, mais trop simple.

Car derrière le terme *peras* se cache une vieille racine indo-européenne (*per) liée à l'acte de traverser un espace ou de percer un matériau. En sanskrit, le radical *pir* se retrouve dans une série de termes avec ces significations. Il en va de même en grec, langue cousine, où le verbe *perô* veut dire « traverser », on vient de le voir, alors que son frère presque jumeau, *peïrô*, signifie « percer, transpercer de part en part », notamment avec une aiguille, une pointe, qui se nomme *peronè*.

Là encore, notre intention n'est pas de plonger dans le vocabulaire du grec ancien par souci d'érudition, mais parce que l'étymologie peut éclairer d'une lumière différente la question des limites, comme le confirme *poros*, membre de la même famille de mots.

Poros signifie « passage, voie de communication ». Le mot s'emploie pour parler du lit d'un fleuve, d'un bras de mer, d'un détroit, d'un pont, et même, en médecine, des voies naturelles évacuant les excréments. Par extension, le sens de *poros* a fini par devenir « issue », « solution », et le mot évoque finalement tout ce qui permet de sortir d'un problème ou d'une difficulté. Ce que les philosophes grecs anciens nomment *aporie* est un problème sans échappatoire. Ces difficultés dont on ne voit pas la solution constituent l'ordinaire des embarras métaphysiques, logiques, ou encore moraux débattus par Platon, Aristote et tant d'autres.

Ce qui doit retenir notre attention, c'est la proximité inattendue entre la limite et l'issue, *peras* et *poros*. Pour nous qui croyons spontanément que les limites sont des murs, il n'est pas inutile de les apercevoir comme des passages. Il est sans doute encore plus important de les voir comme des solutions plutôt que comme des obstacles, comme des échappatoires, des percées, plutôt que comme des barrières et des fermetures. Reste à comprendre pourquoi, comment, dans quels contextes. Il faudra y revenir.

Mais on voit déjà, nettement, que les limites ne sont pas ce qu'on croit, qu'elles réservent des surprises, et surtout une multitude de facettes et de perspectives. Si l'on ose dire, les limites des limites se diversifient. Leurs contours s'irisent, ou s'élargissent. Il arrive même qu'ils provoquent des imbroglios inattendus.

Bornes et limites selon Fenouillard, Épictète et Kant

« Quand la borne est franchie, il n'est plus de limite. » Cette auguste formule a été attribuée tour à tour au sapeur Camember, héros assez simplet dont les aventures illustrées ont été inventées par Christophe en 1896, à *La Famille Fenouillard*, du même auteur, puisqu'on trouve bien, à la page 51 de l'édition de 1893 : « *Comme l'a dit un auteur célèbre, quand la borne est franchie, il n'y a plus de limites.* » Attribuée encore à Alfred Jarry et à bien d'autres, on trouve aussi la formule, mot pour mot, dans la pièce de François Ponsard *L'Honneur et l'Argent* (1853), que cite Flaubert dans *Bouvard et Pécuchet.*

Sans doute, malgré les apparences, ne s'agit-il pas d'un truisme loufoque, qui reviendrait à dire qu'une fois la limite dépassée il n'y en a plus aucune autre. Il semble que derrière cette remarque en trompe l'œil se profile une pensée clairement formulée, dès l'Antiquité, par le stoïcien Épictète : « *Pour la chaussure, si tu vas au-delà des besoins du pied, tu la voudras couverte d'or, puis teinte en pourpre, puis brodée. Une fois qu'on a passé la mesure, il n'y a plus aucune limite* », lit-on en effet au paragraphe 39 du *Manuel* d'Épictète.

Le sens de cette dernière maxime est limpide. La bonne mesure de nos possessions nous est donnée par le corps : l'important est que ma chaussure ait la taille de mon pied, voilà tout ce dont j'ai besoin. Les suppléments superflus font basculer dans une autre dimension. Que la chaussure devienne dorée, luxueusement ornée, colorée comme ceci ou cela, ouvre sur la démesure. Comme le désir sera toujours infiniment plus grand que le pied, il tend vers le sans-limite, le toujours plus, indéfiniment. La mesure du corps serait la borne à ne pas franchir. Quand on la perd de vue, on tombe hors de toute limite, « *entraîné comme du haut d'une falaise* », ajoute Épictète.

On aura remarqué, toutefois, qu'entre la phrase du XIXe siècle et la pensée d'Épictète, la « borne » a été remplacée par la « mesure ». Un mot s'est substitué à l'autre, donnant une signification cohérente (la mesure oubliée, toute limite disparaît) à une phrase ambiguë (la borne dépassée, la limite n'est plus).

Entre borne et limite, peut-on vraiment faire une distinction ? La plupart du temps, dans la vie quotidienne, ces deux notions semblent synonymes. On les emploie couramment l'une pour l'autre, disant par exemple que des bornes marquent les limites des champs. Et l'on ne voit pas bien, dès lors, quelle différence il pourrait y avoir entre « dépasser les bornes » et « dépasser les limites ».

C'est vers Emmanuel Kant qu'il faut se tourner pour en avoir le cœur net. Entre ces deux notions usuellement interchangeables, il introduit un distinguo capital, parfaitement clair et net, si on lit sa *Critique de la raison pure*[1].

Selon Kant, les bornes sont mobiles et relatives. Les bornes d'un champ, par exemple, seront reculées en cas de nouvelle acquisition d'une parcelle mitoyenne, et le cadastre sera modifié en conséquence. Ce sont donc des marques de frontières, qui peuvent être déplacées,

1. Emmanuel Kant, *Critique de la raison pure*, traduction Alain Renaut, Flammarion, coll. « GF », 2006.

en fonction des changements qui interviennent. Ainsi les bornes de nos connaissances sont-elles sujettes, elles aussi, à de fréquentes modifications. Dans bien des domaines, on sait à présent des vérités ignorées hier encore, la borne entre connu et inconnu n'est plus à la même place. Inversement, on ignore aujourd'hui des éléments que l'on connaîtra peut-être demain. Le progrès de nos découvertes déplace les bornes de nos connaissances.

En revanche, Kant propose de réserver le terme de « limites » aux frontières absolues de notre savoir, celles que nous ne pourrons jamais franchir. Par exemple, ce qui nous attend après la mort – néant, survie... – demeure à tout jamais inconnaissable, et constitue une limite absolue de notre capacité à constituer un savoir. Pourquoi ? Ne pourrait-on pas imaginer qu'un jour on le sache, qu'on le découvre enfin ? C'est exclu, tout simplement parce que nous ne pouvons acquérir de connaissances *qu'à l'intérieur des limites* de notre champ d'expérience. Or l'au-delà est précisément ce que nous ne pouvons expérimenter, donc connaître. Et cela ne peut en aucun cas se transformer, contrairement aux innombrables avancées possibles de nos connaissances dans les registres que nous pouvons expérimenter.

Selon cette distinction, les bornes sont mobiles et dépassables, les limites sont fixes et infranchissables. La borne est une frontière provisoire, liée à un état de fait, une situation historiquement précaire. La limite est structurelle, intrinsèque à notre existence et aux usages possibles de notre raison.

Et les marges ?

À peu près synonymes des frontières, en leurs multiples sens, les limites peuvent donc se distinguer des bornes, si l'on retient l'analyse de Kant. Mais peuvent-elles se différencier des marges[1] ?

Au premier regard, c'est assez facile. On peut en effet présenter la limite comme une ligne, alors que la marge (du latin *margo*, le « bord », la « bordure ») est un espace qui s'étend aux confins, au-delà des limites, ou bien entre deux limites. La limite serait sans épaisseur, sans étendue et la marge occuperait toujours une certaine place, plus ou moins vaste. La marge est mouvante, rebelle aux définitions strictes. La limite est destinée à devenir aussi claire et précise que possible.

De plus, la marge s'oppose au centre, tandis que la limite, elle, s'oppose à l'indifférencié, au sans-limite. Enfin, ce qui est « en marge » est souvent considéré comme secondaire, inessentiel, ou illégal. Mais ce dehors peut devenir essentiel, voire central. Marge et centre sont en effet susceptibles de permuter, comme le montrent amplement l'histoire de l'art et celle de la littérature. François Villon était un voyou avant de devenir un poète classique et une référence académique. Toutes les avant-gardes émergent en marge, et se retrouvent plus tard au centre des enseignements universitaires. Au contraire, « limites » et « sans limite » ne peuvent en aucun cas occuper la place l'un de l'autre.

1. Baldine Saint Girons, « Le ha-ha ou la limite invisible », in Jackie Pigeaud (dir.), *La limite*, *op. cit.*

Voilà qui ferait aisément conclure, semble-t-il, à une nette différence entre limites et marges. Cette opposition existe, et fait sens, indiscutablement. Mais elle doit à son tour être interrogée. Car il est possible d'enrichir la représentation qu'on se fait des limites en y incluant des caractéristiques empruntées à celle des marges.

Dès lors, on peut concevoir la limite comme passage, étendue, zone d'interactions et d'échanges plutôt que comme ligne géométrique sans épaisseur. Rien n'interdit non plus de considérer les limites comme mobiles, pourvues de zones de flou, de contours fluctuants. Autrement dit, hybrider limites et marges est envisageable. On y reviendra...

Car il y a plus important encore que les définitions. Ce sont nos réactions envers les limites, les innombrables rages, transgressions, soumissions, provocations qu'elles génèrent, continûment, depuis toujours. Et différemment à notre époque.

Je t'aime moi non plus

Face aux limites, nos attitudes sont contradictoires. Nous les respectons et nous les détestons. Nous voulons qu'elles disparaissent et aussi qu'elles existent. Nous souhaitons tour à tour les dépasser, les transgresser, les estomper, les déplacer, les abolir. Cela ne tient pas seulement à notre incohérence, mais également à la complexité des rôles que remplissent les limites.

Le sportif ne cesse de vouloir dépasser ses propres limites. Le souffle manque, les muscles tirent, la fatigue monte, les crampes menacent... mais il faut tenir, encore et encore, et plus que tenir, aller au-delà de ce qui semblait possible. Chacun constate, dans l'effort prolongé, dans le record battu, que les limites peuvent être repoussées.

En élargissant la focale, on se rend vite compte qu'outrepasser les limites est l'un des grands moteurs de l'histoire humaine, sinon l'unique. Aller au-delà, avancer plus loin, c'est finalement ce qui anime tous les explorateurs quels qu'ils soient, qu'ils parcourent des terres inconnues, fassent des découvertes scientifiques ou des conquêtes militaires, qu'ils conquièrent des territoires ou des titres de gloire.

Il ne s'agit donc pas de se résigner systématiquement, de buter sur les limites comme sur des parois infranchissables. Au contraire, les dépasser, les déplacer, un peu, ou beaucoup, constitue la démarche permanente des progrès, individuels aussi bien que collectifs. Sans cette volonté permanente, nous serions encore à l'âge de pierre.

Transgresser, au sens d'aller au-delà de ce qu'on croyait possible, est le moteur du progrès. Mais ce peut être également une vaine provocation, un désir presque mécanique de ne pas obéir, de ne jamais se soumettre. Transgresser, par plaisir, par rébellion systématique, avec la conviction qu'aucune limite ne vaut, ne s'impose, ne doit être respectée, c'est à la fois un trait de caractère et une tendance croissante de l'époque que nous vivons. La transgression comme méthode, style de vie, signe des temps, partout répandue, feint de croire qu'aucune limite n'est à respecter.

Alors que nous avons toujours besoin de limites, pour nous préserver de la violence, de l'arbitraire, de la folie et du chaos. Sans limite aucune, c'est la barbarie qui guette, la terreur, la servitude et les meurtres.

Et même pire encore : l'indiscernable, l'indifférencié, l'impensable. Quelque chose qu'on ne peut ni penser ni nommer, puisque toute pensée suppose une délimitation des idées, et que toute parole suppose une distinction des sons, des mots, des sens.

Voilà pourquoi les limites sont absolument indispensables, même si, le plus souvent, elles n'ont rien d'aimable. Nous sommes ambivalents à leur égard, parce que d'un côté elles interdisent et restreignent, de l'autre elles protègent et stimulent.

On vient de le voir : les limites agacent et rassurent, protègent et inquiètent. Elles remplissent des fonctions opposées, suscitent des sentiments contraires. Mais jamais l'indifférence ni l'unanimisme.

Pourtant, sans les aimer, on n'avait jamais songé, au cours de l'histoire, à les abolir. Comment s'est mis en place ce projet qui forge la singularité d'aujourd'hui ? Quand est-il né ? Dans quelles circonstances ? C'est ce que nous souhaitons comprendre maintenant.

Troisième partie

Une valse occidentale à trois temps

L'évolution qui nous importe s'est essentiellement jouée dans l'histoire occidentale. Écrire une histoire universelle du point de vue des limites, comme une « limitologie comparée », afin d'appréhender leurs représentations dans les différentes langues et cultures du monde, serait gigantesque et ici hors de propos.

Notre visée est beaucoup plus modeste : essayer de mettre en perspective, à grands traits, la singularité du moment présent, en comparant les attitudes contemporaines envers les limites à celles des époques antérieures de la culture européenne. Plus précisément encore, repérer les points de bascule de notre rapport aux limites et de la façon dont on les envisage.

Nous proposons de distinguer schématiquement trois temps de l'histoire occidentale, correspondant à trois moments d'évolution et d'inflexion de nos représentations des limites, de nos attitudes à leur égard.

Ainsi, le respect est la marque de l'Antiquité. De la Grèce de Périclès et de Platon jusqu'à la Rome de Néron et de Sénèque, l'Antiquité, en dépit de ses excès, mais aussi à cause d'eux, a cultivé un souci constant des limites, dans tous les domaines. La préoccupation centrale et multiforme était de discerner où se situaient les limites, de comprendre leur enracinement et leur ancrage, de les tracer, d'éviter leur transgression. Elles étaient alors recherchées, honorées, célébrées.

Le dépassement des limites est le trait qui signe, globalement, la modernité. Depuis que la Renaissance a rendu l'univers infini, les conquêtes successives de la raison et des sciences ont ouvert la voie à des franchissements incessants des bornes anciennes. La technique triomphante conduit à célébrer les progrès d'un « toujours plus », qui englobe la liberté religieuse politique et l'égalité politique, le confort matériel et la puissance militaire, la santé corporelle et la prospérité financière – sur le registre collectif, mais plus encore individuel. Les limites sont toujours prises en compte, mais pour être franchies, repoussées, surmontées dans un effort sans fin de dépassement. Transgresser les limites devient un mot d'ordre, au service de nos désirs déployés.

L'effacement des limites est le fait singulier de notre siècle postmoderne. Dans tous les registres, elles se retrouvent estompées, dédaignées, gommées. Par provocation ou par indifférence, avec bonne conscience, avec la conviction d'épargner des souffrances, à soi comme aux autres. Cette mutation va-t-elle de pair avec une économie différente du désir ? avec un désintérêt pour les normes ? avec une transformation des sujets ?

On remarquera aussi, au fil du parcours, que ces évolutions se relient immanquablement à celles, successives, de nos représentations de l'idée d'infini, qui rebattent les cartes à chaque étape.

Cette brève généalogie permettra de mieux saisir la singularité du présent, qui débouche sur un autre horizon que la seule face occidentale du monde. Ce sont désormais les individus de la planète entière qui sont concernés, directement ou indirectement, par l'effacement des limites et ses conséquences.

Chapitre 1

Le respect antique

Ce que veut dire *hubris*

Dépasser les bornes, dans le vocabulaire grec antique, était faire preuve d'*hubris*[1]. Le terme, habituellement traduit par « démesure », renvoie à une représentation plus complexe qu'on le croit, où se combinent plusieurs types d'écarts envers les normes.

Très souvent, on considère simplement qu'il s'agit de l'orgueil humain, d'une arrogance qui aveugle, faisant croire à la toute-puissance, entraînant à transgresser les limites. Et l'on souligne que les dieux châtient cette démesure humaine en punissant ceux qu'elle emporte vers des abus insensés. La déesse Némésis, chargée de l'implacable mission de punir ces folies, incarnerait cette vengeance divine.

Ce n'est certes pas entièrement faux. Et certains textes vont dans ce sens. Mais ils sont peu nombreux, et cette présentation a pour principal inconvénient de faire de l'*hubris* une affaire opposant dieux et hommes

1. Douglas MacDowell, « Hybris in Athens », in *Greece and Rome*, Cambridge University Press, 1976, vol. 23/1, p. 14-31 ; Jean-François Mattéi, *Le Sens de la démesure*, Sulliver, 2009.

sur un registre presque exclusivement moral. S'en tenir là revient finalement à confondre la vision chrétienne du monde avec celle des Grecs, pourtant fort différente.

Première précision : l'*hubris* n'est pas seulement le fait des êtres humains. Le mot s'emploie par exemple pour désigner le comportement des ânes dont l'agressivité et les cris sèment désordre et désagrément.

Excès d'énergie, trop-plein de vitalité, incapacité à se contenir sont les caractères usuellement liés à l'*hubris*. Trop boire, trop manger, festoyer bruyamment se rattachent à ces comportements qui dépassent les convenances habituelles. Un des premiers exemples figure dans *L'Odyssée*, d'Homère. Ulysse est depuis longtemps parti de son palais, nul ne sait quand il reviendra, ni s'il est encore vivant. Une troupe de prétendants entoure son épouse, Pénélope. Ils écoutent de la musique et font la fête bruyamment, au lieu de se comporter sobrement. Ils sont inconvenants, malotrus. *Hubris*.

Sexe et luxure, on s'en doute, sont aussi des registres de la démesure. Les Grecs savent et disent combien le désir, homosexuel ou hétérosexuel, échappe au contrôle, entraîne aux excès. Platon, dans *Phèdre*, compare la conduite de notre existence à celle d'un char tiré par deux chevaux, le blanc et le noir, dont le conducteur est la raison. Il qualifie d'*hubristès* – adjectif qui pourrait se rendre par « sujet aux emportements et aux dérives » – le cheval noir qui entraîne le char de l'âme à dévier de sa route en s'enflammant à la vue d'un être aimé.

Ceux que l'*hubris* guette le plus débordent d'énergie, du fait de leur jeunesse, de leur brutalité, de leur ivrognerie ou de leur folie. Trop indulgents envers eux-mêmes, pas assez rigoureux, ils se laissent déborder et s'égarent. On remarquera, sans surprise, que ces figures (jeune, brute, barbare, ivrogne ou dément) sont également censées être mal contrôlées par leur raison, supposée déficiente. L'instance de la bonne mesure leur fait défaut.

Dépasser la mesure, c'est aussi, pour les Grecs, vouloir plus que sa part. Dans leur représentation du monde, le destin fixe à chacun son lot. Celui qui s'approprie un bien qui ne lui revient pas fait preuve d'*hubris*, quel que soit son rang. Le roi Agamemnon s'arroge ainsi un privilège exorbitant en confisquant Briséis, la belle captive, qu'il arrache des bras d'Achille. Abusant de ses prérogatives, il spolie ce héros, qui par colère se retire sous sa tente – épisode crucial de *L'Iliade*.

Dans la violence de l'*hubris*, figure souvent une part d'humiliation de l'autre, un mépris envers une victime. Les lois d'Athènes prévoyaient d'ailleurs explicitement un délit d'*hubris*. Sa nature exacte demeure malaisée à cerner. Car le viol, les coups et blessures ou l'extorsion de fonds – qui manifestent cette *hubris* – constituent des crimes et délits déjà prévus par d'autres lois. Il semble que l'*hubris* comme délit spécifique ait visé une dimension spéciale d'humiliation de la victime et de jouissance du criminel. Frapper est une chose, frapper en méprisant, pour le plaisir d'outrager, en est une autre.

Dans ce cas, on peut rendre le terme *hubris* par « outrage ». Et l'important est moins la violence elle-même que l'annulation de l'autre. L'homme emporté par cette démesure devient tout : il n'y a plus que lui seul – son désir, son plaisir, son ambition, ses intérêts… – et rien ni personne en face. L'autre a disparu.

C'est pourquoi dans le domaine politique, la figure de l'*hubris* s'incarne dans la solitude du tyran. Platon esquisse souvent sa silhouette. Une fois qu'il s'est emparé du pouvoir et du contrôle des tribunaux, le despote sans limite se considère comme capable, en toute impunité, de faire arrêter, déporter, exécuter qui bon lui semble, pour s'emparer d'une terre ou d'une femme. Son intempérance le porte à confondre ses caprices avec le bien commun, tout comme il confond le trésor public avec sa fortune personnelle.

La démesure multiforme de l'*hubris* débouche donc constamment sur la négation de l'existence des autres. La limite constituée par leur présence, leur corps, leurs droits est annulée. Ne subsiste, de manière temporaire ou durable, que l'appétit d'un seul, qui renvoie les autres au néant.

Toute la philosophie et la politique grecques se dressent contre ce désert.

La conquête de la mesure

Sereins, équilibrés, harmonieux, les Grecs ? Sûrement pas par nature, plutôt par conquête. Et au terme d'une lutte obstinée pour surmonter l'impétuosité et la violence de leurs désirs. Au XVIIIe siècle, l'archéologue et historien d'art Johann Winckelmann avait forgé le mythe d'une Grèce de marbre blanc aux proportions bien ordonnées. Au siècle suivant, Nietzsche a fait comprendre qu'un combat acharné produit cet équilibre de façade.

Les âmes antiques ne sont ni calmes ni spontanément sereines. Ce n'est pas par hasard qu'Épicure, dans sa célèbre *Lettre à Ménécée*, parle de la « tempête de l'âme ». Agitation, excès, débordements ne cessent de troubler les esprits et les corps. L'*hubris* est première, la démesure originaire doit être constamment combattue, endiguée, régulée. Le bel ordonnancement de la culture grecque antique ne signe donc pas un penchant premier pour l'ordre et l'équilibre. Les proportions des statues, l'harmonie des temples, l'équilibre des lois constituent plutôt des défenses édifiées contre le désordre, le chaos et la sauvagerie qui régnaient, qui couvent toujours, qu'il faut tenir en bride de façon permanente.

Platon, dans *La République*, l'exprime avec une parfaite netteté. Dans le sommeil, quand le contrôle de la raison se relâche, la « part bestiale » (le cheval noir, le désir sans frein) se déchaîne, capable de « *s'unir à sa mère ou à n'importe qui d'autre, homme, dieu, animal ; elle se souille de n'importe quelle ignominie, elle ne renonce à aucune nourriture* ». On ne peut dire plus clairement que toutes les limites sont franchies, tous les interdits levés, sexuels ou alimentaires, tous les ordres confondus entre générations, entre espèces.

Contre ce règne de la « folie » et de l'« infamie », selon les termes de Platon, la raison pose des limites. Elle instaure lois, règles, usages et doit s'employer continûment à faire appliquer ces normes. Les mettre en pratique est un exercice constant. L'éducation, la politique, la réflexion philosophique s'entraident dans cet effort permanent pour construire les bonnes limites, les préserver, les rendre efficientes.

Pour les Anciens, les limites ne sont donc pas d'abord des fardeaux mais plutôt des soutiens. Elles ne sont pas subies mais désirées. Elles n'enferment pas mais libèrent. Elles ne rendent pas malheureux. Tout au contraire, les limites assurent et garantissent le bonheur. Les limites sont des conquêtes, et non des servitudes. Ce sont des épanouissements et des plénitudes, pas des diminutions ni des réductions. Elles retiennent, certes. Mais, justement parce qu'elles entravent, les limites permettent d'agir, de penser, de vivre.

Cette représentation est si loin de celle qui a prévalu chez les Modernes qu'il faut s'y attarder un instant.

Commençons par le bonheur, que les Grecs nomment *eudaïmonia*. Quelle que soit la doctrine ou l'école de sagesse que l'on considère, des limites strictes constituent les conditions nécessaires de son existence.

Car on ne peut être durablement heureux dans l'illimité, la recherche sans fin du « toujours plus ». Ce dénominateur commun des pensées grecques trouve une formulation exemplaire au cours de l'affrontement entre Socrate et Calliclès que Platon met en scène dans *Gorgias*.

On y voit Calliclès faire ardemment l'éloge de l'excès, de la satisfaction à tout prix de tous les désirs. Éprouver des passions intenses, les assouvir, et toujours recommencer, voilà le bonheur, selon cet impétueux jeune homme qui défie Socrate avec une violence extrême, rejetant tout interdit et tout scrupule comme autant d'enfantillages et de signes de faiblesse.

À cette apologie du crime, Socrate répond, de façon lapidaire : « *Tu penses qu'il faut s'exercer à avoir plus que les autres, en fait tu ne fais pas attention à la géométrie* »... Réponse étonnante. En effet, si vouloir toujours plus pour soi est bien un signe d'*hubris* que la sagesse doit s'employer à contrecarrer, que vient donc faire ici la géométrie ?

En réalité, si elle constitue évidemment la connaissance rationnelle des lignes, formes et points, et de leurs relations, la géométrie est aussi la science qui concerne les limites, de manière exemplaire. Elle traite des proportions et des propriétés intrinsèques des figures. Son savoir se fonde sur la compréhension, par la raison, de l'ordre interne qui existe dans le monde des formes.

À l'éloge du dérèglement, Socrate oppose un ordre du monde accessible à la raison. Il concerne les cercles et les triangles aussi bien que les dieux et les hommes. Parce qu'il n'existe pas plusieurs mondes ni plusieurs ordres mais un seul monde ordonné que les Grecs appellent *cosmos*. Dès lors, limites géométriques et limites morales relèvent entièrement du même univers. L'ordre et la proportion règnent partout. Le sage le sait, il agit en conséquence. L'« homme déréglé » ne veut pas le savoir, il mène la « vie d'un vaurien ».

Ainsi, la maxime de Delphes « Connais-toi toi-même » que reprend Socrate ne signifie nullement, comme on le croit souvent aujourd'hui, « Sache quel caractère est le tien, découvre tes points forts et tes faiblesses ». Il faut la comprendre non dans un sens psychologique, mais réellement cosmique c'est-à-dire « Comprends la place spécifique occupée par l'être humain, au-dessus des animaux, en dessous des dieux. Entre ces limites, tu es humain, tu ne l'es plus si tu te prends pour un autre, immortel ou bête ».

Cette connaissance rend sage. En grec ancien, il n'existe qu'un seul terme pour dire « sage » et pour dire « savant ». Est *sophos* (sage-savant) celui qui détient une connaissance et qui s'en trouve nécessairement transformé. Dans cette perspective, personne ne peut être géomètre d'un côté et criminel effréné d'un autre côté. Tout est lié. Si l'on perfectionne son savoir, on améliore son être. Connaissance et éthique vont ensemble, ou, si l'on préfère, science et conscience.

Un mot précis désigne l'application de la raison à toutes les dimensions de la vie, corps aussi bien qu'esprit, rapport à soi et rapport aux autres. Ce terme, *sôphrosunè*, se traduit généralement par « tempérance » ou « modération ». Il s'agit toujours d'une appréciation et d'une mise en œuvre des limites et de leurs bienfaits. Elle concerne quantité d'aspects de l'existence, de l'alimentation à la richesse, de la réputation à la sexualité, des sentiments aux ambitions.

Ce n'est pas une vertu parmi d'autres – courage, franchise, honnêteté, probité, etc. –, parce que cette modération souhaitée concerne, en fait, tous les moments, tous les registres de la pensée et de l'action. Partout et tout le temps, pour les Grecs, les limites doivent être recherchées et respectées.

Chez Aristote, la conception du « juste milieu » relie elle aussi vertu, bonheur et limites, d'une manière à la fois souple et décisive. Il s'agit de se tenir à distance des extrêmes, et de leurs aspects excessifs. Le courage, par exemple, consiste à se garder de la témérité autant que de la lâcheté. Entre ces deux limites qui le dénaturent, le juste milieu n'est jamais donné, ni acquis une fois pour toutes. Il se cherche en tâtonnant, par essais et erreurs, il se conserve comme un équilibre instable, toujours menacé. La bonne limite se construit en permanence. Et se réajuste sans cesse.

Car, il faut y insister, ce « juste milieu » n'est jamais un centre fixe, un point d'équilibre parfait. Aristote souligne qu'il peut varier, pour chacun, en fonction des circonstances, de l'âge, de l'expérience, du tempérament.

En revanche, ce milieu constitue toujours, si l'on peut dire, un sommet qui se conquiert. Parvenir à n'être ni téméraire ni lâche (tout comme ni paresseux ni suractif, ni vantard ni timide, etc.) exige un réel travail sur soi. Rien à voir avec un centrisme mou, une position de repli. Le juste milieu s'atteint de haute lutte. Nous le croyons « médiocre », les Anciens le jugeaient glorieux.

La place de la nature

Le paysage antique se révèle donc profondément différent du nôtre. Les limites y sont valorisées, estimées, recherchées. Elles sont jugées indispensables. Elles élèvent.

Pourtant, il serait naïf et trompeur d'imaginer les Anciens comme un bloc homogène. À l'intérieur d'un périmètre d'ensemble, des écarts, des jeux, des lignes de fracture les séparent.

En particulier, la question centrale de savoir sur quoi se règlent les limites reçoit des réponses différentes.

Car il n'y a pas, dans l'horizon de pensée des Grecs, de loi morale intangible dictée par une unique volonté divine, comme ce sera le cas dans le monothéisme. La distance grecque entre monde des dieux et monde des hommes est variable, la frontière mobile. Mais ce ne sont pas les dieux de l'Olympe qui décrètent souverainement des normes réglant les conduites humaines. Il faut donc chercher où ancrer les limites. À quoi les arrimer ? Sur quel modèle ou quel patron les découper ?

La réponse de Platon est que nos limites sont déjà fixées dans le ciel des Idées, le monde des Formes éternelles et immuables, qui renferme les matrices du vrai, du bien, du beau, du juste. Au contraire, Aristote insiste sur l'ajustement des limites par l'expérience propre à chacun, sur la réflexion attentive à la diversité des cas concrets.

Un pas nouveau et décisif est accompli par les sophistes, qui sont bien moins simplistes que les caricatures qu'en propose Platon. Ils mettent en question les critères de la morale, les limites du juste et de l'injuste, en réinterrogeant les idées mêmes de Loi et de Nature, en les relativisant. Les sophistes formulent la première opposition entre « nature » et « culture », monde rencontré par les humains et monde forgé par les humains. Point commun de leurs enseignements : la nature est fixe, immuable, incréée, partout la même, autorégulée, les humains n'ont sur elle aucun pouvoir. En revanche, les lois sont toutes des conventions forgées par les humains. Multiples, diverses, donc relatives et contestables.

Ce relativisme introduit par les sophistes crée une tension interne, dans la pensée grecque, autour du tracé des limites morales. Au nom de quoi imposer une frontière à l'usage de la force, à la domination des plus puissants, à la violence, à l'arbitraire, si tout est affaire seulement de conventions, de routines humaines ? En interrogeant la loi – morale, juridique, politique –, les sophistes ne font pas tous (loin de là) l'apologie de la tyrannie, mais ils déstabilisent l'évidence des limites et ouvrent la porte à des interrogations sans fin.

C'est pourquoi la pensée grecque tentera fréquemment d'ancrer les justes limites de nos comportements *dans la nature elle-même* plutôt que dans les décisions humaines.

Ainsi Épicure donne-t-il au corps le rôle d'une limite objective, palpable. Ses besoins sont limités : un peu de nourriture et d'eau, une couche pour dormir au sec.

C'est à peu près tout ce dont notre corps a impérativement besoin, et ce minimum est facile à se procurer. Notre malheur proviendrait des désirs sans limites que nous ajoutons à ces besoins minimes : nourriture sophistiquée, luxueuse, coûteuse, vins rares, vaisselle d'or, palais pour entourer notre lit. Le secret du bonheur consisterait à façonner nos désirs à la taille de nos besoins. Si l'on s'en tient à cette limite naturelle, il n'y a plus d'*hubris*, tout s'ajuste. La « tempête de l'âme », celle des désirs effrénés et contradictoires, se calme.

De même, chez les stoïciens, et chez les cyniques, revient constamment cette formule : la vie sage, philosophique, donc bonne, donc heureuse, est la « vie selon la nature » (*kata phusin* en grec). Cette même expression, omniprésente dans les textes, peut entraîner des conséquences dissemblables selon les écoles. Chez les stoïciens, elle implique que le sage vive entièrement sous le contrôle de la raison, parce que la domination rationnelle de nos actes est conforme à la « nature » qui a prévu ce gouvernement de l'existence humaine par la partie logique de son âme. Au contraire, chez les cyniques, elle aboutit au rejet de toutes les normes de la civilisation (politesse, pudeur, confort, hiérarchie sociale) parce que ces inventions culturelles sont en dehors des limites de la nature. Vivre « selon la nature », c'est donc les abandonner.

Il convient, au final, de retenir le projet constant de rattacher limites et nature, en concevant les bornes qui engendrent la vie bonne comme des éléments du monde physique, préexistant à toute invention humaine.

L'effroi du large

Or ce monde physique, celui de la nature, est limité pour les Grecs d'une manière dont nous n'avons plus aucune idée, parce que depuis des siècles la représentation d'un univers infini a bouleversé l'imaginaire et chamboulé tous les repères.

Le monde physique des Anciens, lui, est clos. Le ciel n'est pas vide, ni même ouvert. Ils imaginent la voûte céleste comme un dôme, un grand couvercle demi-sphérique, sur lequel les étoiles sont fixées. Ce dôme surplombe une terre plate, entourée de tous côtés par l'Océan. C'est ainsi que les Grecs anciens se figurent le ciel. Comme une limite suprême, immense et protectrice. La question « Qu'y a-t-il derrière, au-delà ? » était dépourvue de sens.

Sous ce dôme, à l'intérieur de ce « couvercle » étoilé, s'étend la « galette » aplatie de la Terre, peuplée par les humains, qui sont dispersés en multiples régions, régimes politiques, langues et manières de vivre. Aux limites des terres, tout autour, s'étendent des eaux où les chemins se perdent. Ce qui terrifie les Anciens, dans la mer redoutable, plus encore que les tempêtes, c'est l'absence de limites. À la surface des eaux, si on perd de vue la côte, aucune trace ne subsiste, aucun contour n'est repérable, aucun passage n'est frayé.

Les Grecs nomment « Océan » ces mers que rien n'enclot, et qui font le tour des terres. La question « Qu'y a-t-il plus loin, au bout ? » ne se pose pas non plus. Mais on sait qu'il est périlleux de s'y aventurer. L'effroi du large règne. Les colonnes d'Hercule étaient supposées marquer cette limite du monde explorable, qu'il était formellement déconseillé de franchir. Les Romains imagineront qu'y était gravée la formule *Nec plus ultra* (« Et pas plus loin »). Le monde navigable, explorable, humainement vivable, avait une limite.

Sous la « galette » terrestre, à l'opposé du Ciel, sous nos pieds, qu'y a-t-il au juste ? La question, rarement formulée, demeure sans réponse claire. Les Enfers s'y trouvent, séjour brumeux, humide et obscur, où les âmes poursuivent une vie sans éclat.

Peu importent les détails, l'entrelacs des mythes, les récits légendaires, les contradictions éventuelles et les étrangetés, pour nous, de ces paysages perdus. Ce qu'il convient de saisir, c'est que les limites, dans le monde antique, sont partout et bénéfiques.

Il faut ajouter que les mondes sociaux, politiques et culturels, sont eux aussi restreints, et bien plus que ceux des Modernes. Les cités-États (Thèbes, Sparte, Athènes, et bien d'autres) regroupent quelques dizaines de milliers de citoyens, contrôlent des territoires peu étendus. Les limites des souverainetés politiques et militaires sont fluctuantes, mais toujours restreintes : en quelques heures de marche, ou de navigation, il est facile de passer d'une cité à une autre, d'un système de lois à un autre. Le monde politique est finalement aussi borné et circonscrit que le monde physique.

Malgré tout, il serait erroné de s'en tenir à la seule idée que le monde antique était de tous côtés étroit et borné. L'idée même d'illimité existe aussi dans la conception grecque antique, et son rôle n'est pas négligeable. C'est Anaximandre de Milet, probable successeur de Thalès, qui forgea le premier, au VIe siècle avant notre ère, la notion d'*apeïron*. Que l'on peut traduire par « infini », « illimité », « indéfini », « indéterminé ».

Chacun de ces termes signifie quelque chose de différent, et les multiples interprétations des quelques fragments d'Anaximandre ne permettent pas de trancher de manière décisive.

En considérant cet *apeïron* comme le principe de toute chose, il semble qu'Anaximandre ait songé que toute chose étant délimitée, circonscrite dans le temps et l'espace, définie clairement par ses limites, il était nécessaire de concevoir un principe originaire qui ne soit soumis à aucune de ces caractéristiques pour être éternellement durable et efficient.

Quoi qu'il en soit, ce principe illimité est bien aussi une invention grecque. Mais elle reste cantonnée au monde des idées. L'univers physique et géographique est limité. L'univers moral et politique aussi. L'humanité tout entière se trouve, de plus, traversée par une immense limite, qui reste à évoquer.

Le partage Grecs-Barbares

Cette grande délimitation séparait les Grecs des Barbares. Il n'existait pas de troisième terme : tout homme était soit grec, soit barbare, et la formule « chez les Grecs comme chez les Barbares » signifiait alors « dans toute l'humanité ».

Sans doute peut-on critiquer cette limite apparemment étrange, qui isole les Grecs, et considère comme un seul élément « tous les autres », en dépit de leur disparité, de leur diversité. Platon traite ironiquement ce partage, en faisant remarquer que si les grues classaient les espèces, elles diviseraient les animaux entre « les grues » et « tous les autres ».

Mal construite d'un point de vue logique, la limite séparant Grecs et Barbares n'en a pas moins une cohérence culturelle, bien qu'elle ait donné lieu à divers contresens. On a cru à une arrogance grecque, une forme collective d'*hubris* leur faisant rejeter tous les non-Grecs dans une sorte de sous-humanité, une condition inférieure plus proche des bêtes que des hommes.

Même un esprit aussi aigu que Claude Lévi-Strauss est tombé dans ce piège, en croyant que si les barbares « parlent mal » (ce que signifie leur nom, issu de l'onomatopée « bar-bar » pour dire qu'ils font « br-br en parlant »), c'est qu'ils seraient proches de l'animalité. C'est faux. Pour plusieurs raisons.

La première est qu'une grande partie des peuples « barbares » (non-Grecs, étrangers, parlant d'autres langues) sont admirés par les Grecs à des titres divers. Ainsi, Platon loue les Égyptiens pour leur art. Hérodote aussi, qui célèbre par ailleurs la puissance et la culture des Perses. Les historiens de l'empereur Alexandre qui accompagnèrent son armée en Inde, comme Onésicrite, nomment les ascètes nus qu'ils rencontrent « philosophes », comme plus tard le seront les mages chaldéens ou les druides celtiques.

La seconde raison est que la limite entre Grecs et Barbares se franchit très aisément. Il suffit d'apprendre la langue grecque, de se mettre à parler et à penser grec, à vivre en Grec, pour cesser d'être barbare. Dans le clivage initial, rien de génétique, de racial. Une limite linguistique, culturelle, civilisationnelle, politique aussi, mais rien d'autre. Tous les Barbares sont assimilables, intégrables, hellénisables.

Il demeure possible, évidemment, de critiquer cet hellénocentrisme politico-culturel, d'y voir une forme intolérable d'impérialisme, une offense au multiculturalisme. Cela revient toutefois à projeter des catégories modernes sur les réalités antiques.

La limite qui séparait l'humanité entre Grecs et Barbares demeurait poreuse. Sa persistance était indiscutable, mais c'était une question de fait. En droit, elle aurait pu disparaître... au terme d'une hellénisation générale.

Au final, de tous côtés, le monde antique était pourvu de limites et désireux d'en construire. De les maintenir, de les respecter.

La nouvelle limite chrétienne

De ce point de vue, l'Antiquité dure longtemps. Elle se poursuit bien après l'effondrement de l'Empire romain. L'Europe médiévale vit, pour l'essentiel, dans le respect d'un périmètre géographique étroit, d'une hiérarchie sociale figée, de cadres mentaux et de savoirs dont les limites principales ressemblent fortement à celles du monde antique. Des changements existent, bien sûr, mais les continuités l'emportent largement. Sauf sur un point : celui du péché.

Entre l'univers gréco-romain et celui de l'Europe médiévale, une limite nouvelle et cruciale se met en place avec la christianisation de la société. Elle sépare désormais les actes et pensées conformes à la volonté de Dieu et les péchés, contraires à l'ordre divin, conduisant en enfer. Cette démarcation, inconnue des Anciens, s'ancre dans les esprits avec l'essor de l'Église, transformant largement le paysage moral et psychologique.

Grecs et Romains connaissaient la morale, les remords, mais pas le péché. Ni le type de culpabilité et d'angoisse qui l'accompagne. Les dieux de l'Olympe n'édictaient pas de lois pour la conduite des humains, ne concluaient pas d'alliance avec l'humanité. Il existait évidemment, pour les Anciens, des crimes, des délits et des fautes, mais tous étaient relatifs au regard humain qui les jugeait et n'impliquaient pas nécessairement de châtiment divin.

Désormais, avec l'idée de péché, chacun devient responsable de sa vie éternelle – félicité et béatitude, ou souffrances et damnation. Selon son parcours durant une existence terrestre unique et brève, le chrétien perd ou gagne une éternité céleste de Paradis ou d'Enfer. Un singulier bouleversement affecte alors les limites morales et spirituelles, car la frontière qui sépare le Bien du Mal demeure parfois fort difficile à discerner, alors même qu'elle décide d'un bonheur absolu ou d'un malheur infini, sans limite aucune.

Franchir la ligne ténue, souvent peu visible, qui sépare la vertu du vice, l'innocence du péché, revient à s'engager, pour les siècles des siècles, dans la rédemption ou la chute. Une situation d'autant plus angoissante que cette ligne est imaginée déjà franchie avant même la naissance. En forgeant la notion de péché originel, saint Augustin, à la fin du IVe siècle, imagine en effet que les humains naissent nécessairement du mauvais côté. La limite étant outrepassée en amont, indépendamment de leurs actes.

Cette conception chrétienne du péché entraînera de profondes métamorphoses mentales.

D'abord le surgissement d'une incertitude vertigineuse. Où passe exactement la frontière entre péché et innocence ? La réponse est cruciale, puisque le salut en dépend. Malgré tout, elle n'est pas aisément accessible. Car cette réponse n'est pas uniquement du ressort humain, le péché étant supposé être une offense à Dieu, qui, seul, peut savoir ce qui l'offense ou non.

Autre métamorphose : l'intériorisation de la conscience. Les Anciens le plus souvent vivaient dans le regard des autres plutôt que dans l'examen de leurs motivations internes. Avec le péché s'impose l'examen de conscience, se développent les dédales de l'intention pure ou impure, les méandres du scrupule et du repentir.

Qu'on ajoute encore, pour compléter l'esquisse, le mépris de la chair, la haine du plaisir, la diabolisation du sexe qui marquent si fortement les premiers siècles du christianisme, et l'on comprend que se soit peu à peu instaurée et perfectionnée une terreur nouvelle et intense face à cette borne inédite qui interroge et taraude les consciences. Cette nouvelle frontière s'installe dans les esprits, alors que toutes les autres limites existantes perdurent sans métamorphose profonde. Pour un temps.

Le projet des Temps modernes n'aura de cesse de rebattre les cartes, se convainquant dorénavant que, des frontières de l'océan aux bornes de la morale, le propre des limites est d'être à dépasser.

Chapitre 2

Le dépassement moderne

Le visage de la modernité est tout entier façonné par le dépassement des limites. Sans doute offre-t-il des aspects différents, successifs, mais son trait distinctif est chaque fois d'aller plus loin, de voir au-delà, finalement de franchir, une à une, toutes les limites. Les Temps modernes se définissent par la crise des cadres anciens et le remaniement de tous les contours.

Le changement est profond, le bousculement complet. Le processus va s'étendre sur plus de quatre siècles avant de révéler tous ses effets. La plupart des limites du monde antique avaient perduré jusqu'à la Renaissance sans rupture majeure. En dépit de mille transformations, l'essentiel des contours intellectuels, politiques et culturels était demeuré stable dans le grand passage du monde « païen » à l'Occident chrétien.

Une à une, les limites du monde antique sont dorénavant franchies, d'abord avec un certain effroi, bientôt avec détermination puis enthousiasme.

L'appel du large

Nec plus ultra, « et pas plus loin », avertissait l'inscription mythique sur les colonnes d'Hercule, aux portes de l'océan. La consigne n'est plus suivie, remplacée par le précepte inverse : toujours plus loin. L'appel du large mobilise. Traversant les océans, contournant les continents, empruntant des voies maritimes nouvelles par les caps et les détroits, les navigateurs européens des XVe et XVIe siècles dépassent de tous côtés les limites du monde d'autrefois.

L'histoire de ces « grandes découvertes », comme on disait jadis, est largement connue, mais ce qui s'y est joué, du point de vue des limites, n'est pas toujours suffisamment souligné. Ouvrir la route des Indes par le cap de Bonne-Espérance, atteindre la Malaisie, la Chine, découvrir l'Amérique, faire pour la première fois un tour entier du monde... voilà plus que des exploits maritimes, commerciaux et politiques pour tous les nouveaux héros, portugais, espagnols, hollandais principalement, qui les accomplissent en quelques dizaines d'années seulement.

Le monde s'ouvre. Les limites se distendent. L'océan qui tétanisait, qui paraissait infranchissable, sans chemins, sans traces, devient une étendue navigable, qu'il est possible de maîtriser. Ce sont donc, bien sûr, les limites géographiques qui se trouvent bouleversées, les anciennes frontières du monde qui craquent. Mais bougent aussi les limites du connu et de l'inconnu, celles du possible et de l'impossible, du terrifiant et de l'exaltant.

Bien au-delà de la seule géographie, la propension moderne au dépassement des limites concerne tout autant la théologie, la conception même de la vie humaine et de la société. Les sensibilités changent, les modalités de la pensée également, et tous les champs de la connaissance se trouvent traversés par ce mouvement.

Au premier chef, la conscience religieuse se voit affectée par l'ouverture du monde. Quand s'ouvre l'horizon maritime, quand les navigateurs dépassent les anciennes limites et abordent de nouveaux continents, ce bouleversement entraîne de profondes répercussions sur les conceptions religieuses, dont les limites sont soumises à rude épreuve.

Directement : les Indiens d'Amérique sont-ils des humains ? Ont-ils une âme ? Si oui, comment concilier leur existence avec la descendance d'Adam et Ève ? avec la venue du Christ et l'annonce de la Rédemption ? Indirectement : un monde sans péchés peut-il exister ? Les sauvages sont-ils meilleurs ou pires que les civilisés ? Comment délimiter la civilisation ? Une cascade de questions se profile, aux conséquences vertigineuses sur les représentations des limites. Et ce, au moment où la véritable révolution astronomique qui ouvre à l'infini va bouleverser la donne.

Révolution dans les étoiles

En deux générations, l'Europe savante de la Renaissance bascule du « monde clos à l'univers infini », pour reprendre les termes de l'historien et philosophe Alexandre Koyré, au XXe siècle.

Curieusement, la rupture se produit d'abord dans des spéculations métaphysiques avant de se manifester dans les sciences, physique et astronomie. Dès 1440, dans *De la docte ignorance*, le théologien allemand Nicolas de Cues défait la conception d'un monde fini, ordonné et borné qui avait prévalu jusqu'alors. Pour lui, l'univers est sans frontières nettes, « *il lui manque les termes entre lesquels il serait enclos* ». Le logicien et mystique soutient la thèse, paradoxale pour l'époque, d'une coïncidence des opposés, qui entraîne logiquement l'impossibilité de distinguer le centre et la circonférence. Le modèle qui sous-tendait le monde ancien se trouve donc déjà ruiné dans son principe. Mais ce n'est encore qu'une spéculation.

Avec la révolution de Copernic, puis de Galilée, de Kepler, de Newton, le monde va prendre conscience de ce bouleversement : le Soleil occupe la place centrale, la Terre est en rotation autour de lui. Les répercussions de cette perspective scientifique nouvelle sont abyssales – à la fois spirituelles, philosophiques, morales, voire politiques. « *L'homme a perdu sa place dans le monde ou, plus exactement peut-être, a perdu le monde même qui formait le cadre de son existence et l'objet de son savoir, il a dû transformer et remplacer non seulement ses conceptions fondamentales mais jusqu'aux structures mêmes de sa pensée*[1] », souligne Alexandre Koyré.

Cette perte du monde est avant tout une mutation des limites, une profonde métamorphose de leur représentation. Et l'onde de choc ne fait que débuter.

Dans le sillage de Copernic, le frère dominicain et philosophe italien Giordano Bruno sera le premier à célébrer la perspective d'un univers enfin dépourvu de bornes. Le cosmos des Anciens, fini et clos, vole en

1. Alexandre Koyré, *Du monde clos à l'univers infini*, Gallimard, coll. « Tel », 1988.

éclats, remplacé par un « espace universel », immense et libérateur puisque « *ni la raison, ni la convenance, ni la perception sensible, ni la nature ne lui assigne de limites* ».

Cette proclamation par Bruno de *L'Infinité de l'univers* – c'est le titre du livre qu'il publie en 1584 – va devenir, pour certains, cause de sidération et de crainte. Ainsi Blaise Pascal, dans les *Pensées*, affirme-t-il, inquiet : « *Le silence éternel de ces espaces infinis m'effraie*[1]. »

Chez Giordano Bruno, on perçoit plutôt le cri de joie d'un prisonnier qui voit les portes s'ouvrir, et les murs tomber. Il célèbre la multitude sans fin des soleils et des terres habitées, la ronde effrénée des vies et des mouvements qui emportent tout. La plénitude et la profusion deviennent indescriptibles, car « *il n'y a pas de fins, termes, limites ou murailles qui entravent, arrêtent, l'abondance infinie des choses* », écrit Giordano Bruno, enthousiaste.

Ce sentiment de libération n'est pas lié uniquement à des considérations sur la structure de l'univers. Pour être compris dans ses ressorts profonds, il doit être mis en rapport avec l'excitation d'un dépassement des limites en tous sens, en toutes directions. En célébrant l'infinité du monde, Giordano Bruno exultait de voir s'effondrer le vieux rempart du péché, la diabolisation de la chair, les limites étroites de l'existence ancienne. Ces hardiesses exubérantes et obstinées finiront par le conduire au bûcher. Au terme d'un très long procès, il sera brûlé vif, à Rome, sur le Campo dei Fiori, le 17 février 1600.

1. Blaise Pascal, « Fragments », *Transition*, n° 7/ 8, édition Lafuma 201.

Le sens de la déflagration

Le plus important, en fin de compte, n'est pas la carte des continents ni même celle du ciel. Les places respectives de l'humain et de la nature, les limites de nos pouvoirs et de nos savoirs, voilà ce qui bouge de manière décisive avec la modernité. Toute l'existence voit ses limites entraînées vers leur dépassement.

Il va s'agir, pour l'homme de science en premier lieu, pour d'autres ensuite, d'aller au-delà des frontières habituelles de la perception, et d'outrepasser les limites du corps.

Avec Galilée, en effet, la physique rompt avec la représentation antique, héritée d'Aristote, d'un espace orienté, pourvu d'un « haut » et d'un « bas ». Cette ancienne physique, encore en vigueur au XVIe siècle, où elle constituait l'enseignement officiel et en particulier celui de l'Église, explique les phénomènes du monde d'une manière qui paraît en accord avec nos perceptions et nos expériences sensibles.

Pourquoi la fumée monte-t-elle vers le ciel ? Parce qu'elle émane du feu, et rejoint son « lieu naturel », qui est le « haut du monde ». Pourquoi la pierre lancée retombe-t-elle ? Parce qu'elle est constituée de terre et rejoint son « lieu naturel », qui est le « bas du monde ». Telles étaient, schématiquement, les réponses d'Aristote.

Galilée récuse cette vision. Par une décision intellectuelle géniale tout autant que contre-intuitive, il superpose et identifie l'un à l'autre l'espace physique concret et celui de la géométrie, lequel demeurait jusqu'alors seulement mental et idéal. Dès lors, il n'y a plus ni « haut » ni « bas » existant par eux-mêmes. L'espace est homogène et neutre. Chaque point vaut n'importe quel autre, défini seulement par ses coordonnées dans un système de références.

Cette coïncidence nouvelle entre les sphères physique et géométrique signe la naissance du monde scientifique moderne et va provoquer une véritable déflagration intellectuelle. Dorénavant, il devient possible de « mathématiser » le réel, d'user de l'abstraction des calculs et des figures mathématiques pour décrire les faits, pour les mettre en équation, les prévoir, et agir sur eux. Condition première des possibilités infinies de la pensée scientifique qui s'impose.

Avant Galilée, deux mondes existaient indépendamment. On calculait et démontrait d'un côté, d'un autre on observait et tâtonnait. Les deux n'étaient pas superposables. On pouvait calculer le mouvement des étoiles et prévoir des phénomènes célestes parce qu'il s'agissait de « corps parfaits » aux cycles réguliers.

En revanche, une pierre lancée au loin ne relevait, croyait-on, d'aucun calcul exact. Aristote expliquait que dans notre monde « sublunaire », c'est-à-dire situé sous la lune, les trajectoires étaient approximatives, fluctuantes, imprécises. Donc incalculables.

Mathématiser l'espace, la physique, le monde, ne sera pas qu'une rupture dans le champ des connaissances. Cette révolution scientifique sera anthropologique.

Car elle aboutit à mettre le corps, première boussole humaine, entre parenthèses. Ce qui est à observer n'est plus ce que voient nos yeux, mais ce que conçoit notre raison. Nous croyons voir, encore et toujours, le Soleil tourner autour de la Terre. Et le plomb tomber plus vite que la plume. À tort, à rebours des lois astronomiques et physiques, et de la réalité, qui se révèle contre-intuitive.

La réalité que nous touchons, sentons, éprouvons va donc devenir hors-jeu. Impossible de rencontrer le monde « en chair et en os ». Il faut construire le réel, tester nos constructions, les remplacer par d'autres toujours plus fines, plus complexes. En se délestant de toute subjectivité.

L'émergence de l'objectivité scientifique relègue finalement le sujet individuel, corporel, hors des limites du jeu scientifique. L'énoncé scientifique, qu'il soit signé Galilée ou Einstein, dit quelque chose du réel, rien de son énonciateur. La place et le rôle du sujet changent donc. Pour être objectif, il faut laisser de côté ses croyances, ses sentiments, ses espérances.

Ainsi la naissance de la physique mathématisée n'est-elle pas seulement un événement de l'histoire des sciences. Elle va transformer tous les cadres mentaux, d'abord ceux de la subjectivité. Elle entraîne ensuite, de proche en proche, par effet de domino, une longue succession de remises en cause dont l'onde de choc sismique n'en finit pas de se répercuter jusqu'à nos jours.

S'ouvre donc la possibilité de voir dépassées – une à une ou toutes ensemble – les limites du monde connu, de la religion instituée, du sujet connaissant, de la vérité empirique, des savoirs hérités. Puis celles de la morale habituelle et des pouvoirs en place... Il faudra plusieurs générations pour que toutes les conséquences s'enchaînent et se manifestent.

Les contemporains de Galilée ont-ils eu conscience de ce séisme et de ses répercussions ? Certainement pas dans toute leur ampleur, mais assez pour avoir le sentiment que le trouble devenait général. Ainsi le poète anglais John Donne, dans *Anatomie du monde*, exprime-t-il, en 1611, la sidération de la conscience européenne face à l'ébranlement des limites anciennes : « *La philosophie nouvelle rend tout incertain* [...]. *Tout est en morceaux, toute cohérence disparue. Plus de rapports justes, rien ne s'accorde plus.* »

Malgré son intensité, ce désarroi n'a qu'un temps. L'espace qui vient de s'ouvrir va donner libre cours aux innovations techniques. La science permet d'aller mieux, plus vite et plus loin. Une vague d'enthousiasme et une fièvre de projets remplacent bientôt le premier atterrement. Un nouveau mot d'ordre s'impose, celui du dépassement des limites. Autrement dit : « Plus nous comprenons comment marche le monde, plus nous sommes en mesure d'avancer. » Cette injonction va s'imposer.

La mécanique du progrès

Cette nouvelle perspective qui fonde la modernité est formulée très tôt, et très clairement. Contemporain de Galilée, le philosophe et homme politique anglais Francis Bacon la formule en 1620 dans le *Novum Organum*[1] (le « nouvel outil ») – opposé à l'ancien *Organon*, d'Aristote.

Bacon y prône le recours constant aux expérimentations scientifiques pour permettre la transformation du monde par les techniques. Au-delà de la théorie, la connaissance doit servir en priorité l'action concrète. Elle n'est plus, comme chez les Anciens, contemplation pure (en grec, *theoria* veut dire « contemplation »).

1. Francis Bacon, *Novum Organum*, PUF, 2010.

Bacon proclame que « *le savoir lui-même est pouvoir* ». La connaissance peut désormais nous rendre « *comme maîtres et possesseurs de la nature* » par la science et ses applications, affirmera Descartes, à sa suite, dans son *Discours de la méthode*[1] (1637).

En dépassant les limites anciennes des savoirs, il devient possible de dépasser les limites anciennes de nos actions. Et ce dispositif de conquêtes et de métamorphoses peut se poursuivre. Indéfiniment.

Si les limites de nos connaissances sont celles de nos actions et de nos libertés, alors l'ignorance devient l'ennemie principale.

La mécanique du progrès se fait machine à dépasser les limites, pour conquérir sans cesse de nouvelles libertés, pour acquérir une autonomie de plus en plus grande envers les contraintes physiologiques, géographiques ou climatiques auxquelles nous sommes soumis.

Conçu et formulé dès le début du XVIIe siècle, ce projet d'expansion ne cessera plus, jusqu'à nos jours, de se perfectionner et de se complexifier. Le Siècle des lumières, puis celui de la Révolution industrielle lui donneront des traits distincts, mais la dynamique de dépassement restera la même.

Penser le progrès requiert certaines conditions : il faut avant tout se représenter le temps comme linéaire et non cyclique. Il faut que l'histoire se déroule en droite ligne, selon la flèche du temps. Au contraire de l'ancienne conception grecque du temps circulaire où le cosmos s'efface, recommence, tourne en rond, où le progrès n'existe pas, puisqu'une fois conquis il est

1. René Descartes, *Discours de la méthode*, Flammarion, coll. « GF », 2016.

effacé au tour suivant. L'idée de progrès suppose un avenir ouvert, indéfini, à construire.

Cette notion implique à son tour une échelle de valeurs, des critères de jugement. Le progrès représente toujours un « mieux » dans le temps, une amélioration considérée comme telle en fonction d'une certaine conception de ce qui est souhaitable et désirable : santé, sécurité, prospérité, paix, etc.

La liaison entre tous ces biens souhaitables définit le Progrès avec majuscule. Il ne s'agit plus de constater des avancées ponctuelles et isolées, mais de postuler que tout va s'accroître du même pas, dans une marche d'ensemble, vers une amélioration supposée universelle. Ce Progrès majuscule imagine que vont main dans la main, si l'on ose dire, les avancées des sciences, des techniques et de la civilisation.

Développée exemplairement par la philosophie des Lumières, prolongée jusqu'à nos jours par ses héritiers, cette conception affirme une solidarité et une interaction globale des diverses marches en avant.

En accroissant ses connaissances, l'humanité deviendrait par étapes plus instruite, plus saine, plus libre, plus morale, plus prospère, en un seul et même mouvement volontaire et assumé de dépassement de toutes les limites anciennes, devenues obsolètes, figées, inutiles.

Nouveaux savoirs, nouveaux pouvoirs, nouvelles richesses, nouvelles valeurs qui réévaluent les morales d'hier, nouvelles normes, nouveaux comportements qui s'instaurent. De nouvelles libertés sont conquises, au-delà des servitudes et contraintes que l'on quitte.

Le moteur du progrès vise toujours le lendemain, l'avenir, réputés meilleurs. Hier, tout était étriqué, demain, tout sera épanoui. Les progrès de la médecine allongent l'espérance de vie, ceux des transports et des communications font voyager plus vite et plus loin, permettent de multiplier les échanges, etc.

Ces conquêtes seront réelles, nombreuses. Des hommes fouleront le sol de la Lune. Le mur du son sera franchi par les avions. Des maladies incurables et des famines seront éradiquées, des centaines de millions d'êtres humains passeront au-dessus du seuil de pauvreté... Personne ne contestera que ces transformations positives ont eu lieu.

Demeure pourtant, toujours en suspens, la question de la cohérence générale du Progrès. Postulée par l'esprit des Lumières, encore affirmée au XIXe siècle, elle finit par devenir de moins en moins nette. Le doute relatif à l'idée de progrès, fondée sur le dépassement des limites, s'insinue dans les esprits. On constate, de manière graduelle, des effets pervers des avancées techniques, les régressions partielles contrant les conquêtes ponctuelles. Au lieu d'une grande machine unifiée, on s'avise que le mécanisme est saccadé, étagé, discontinu. Et que chaque lumière projette des ombres.

La question de savoir où va la machine se fait pressante. Quelle en est la finalité ? Quel en est le sens ? L'infini de la connaissance, son absence de bornes, ne suffit plus à taire les interrogations sur les emballements du mouvement. Faire plus pour faire plus ne suffit plus.

D'autres réponses se sont révélées des cauchemars. Les systèmes totalitaires du XXe siècle – dans leurs versions nazie ou communiste – ont rêvé d'aller jusqu'à fabriquer un « homme nouveau ». Une façon de fournir au Progrès sa destination finale, sa limite ultime, la réalisation d'une humanité nouvelle, purifiée, exempte de toutes les scories des anciennes.

Longtemps, le dépassement moderne des limites a voulu « refaire le monde » et « changer la vie », s'exonérant d'une réflexion sur les fins à atteindre. Car l'essentiel ne résidait plus dans un but, mais dans le mouvement même de dépassement.

Il n'est qu'à relire le projet initial de Francis Bacon, ainsi formulé dans les dernières lignes de *La Nouvelle Atlantide*[1] : « *Reculer les bornes de l'Empire humain, en vue de réaliser toutes les choses possibles. L'important est la réalisation, pas son sens ni sa justification. Tout ce qui est faisable est à faire. Tout le faisable est un progrès.* »

Ce texte édifiant – en réalité une fiction inachevée – décrit une île gouvernée par des savants. Parmi leurs expérimentations, certaines consistent à rendre des espèces vivantes plus grandes ou plus petites, d'autres à intensifier la fécondité des espèces ou à les rendre stériles. Avec en clôture, une liste de « merveilles » à réaliser comme « fabriquer de nouvelles espèces, transformer une espèce dans une autre, augmenter et élever le cérébral »... Voilà à quoi rêvaient déjà les dépasseurs de limites du début des Temps modernes. De 1620 à 2020, les mêmes projets fantasmatiques persistent. Un détail pour finir : sur la page de garde du livre *Novum Organum*, une gravure représente les colonnes d'Hercule, où ne figure plus l'inscription *Nec plus ultra*, mais une caravelle qui navigue au loin sur l'océan, vers l'horizon. Le message est clair : les limites sont

1. Francis Bacon, *La Nouvelle Atlantide*, Flammarion, coll. « GF », 1997.

toujours à dépasser, l'horizon ne s'atteint pas. Seul le mouvement compte.

Propriété, liberté, identité

Ce mouvement, chez les Modernes, gagne peu à peu toutes les dimensions de l'existence. De la religion au commerce, de la politique au droit, les limites d'autrefois se trouvent dépassées, au nom du « toujours plus ». On désire plus d'intériorité, plus d'échanges et de profits, plus de libertés individuelles, plus de libertés publiques...

Le philosophe et historien Marcel Gauchet a excellemment défini ce dépassement moderne comme le passage d'un univers fixe, où les limites sont édictées *du dehors* – par Dieu, par l'Église, par le roi, par le statut de chacun dans une hiérarchie sociale traditionnelle –, à un monde mobile, où les règles sont décidées *du dedans* par des individus eux-mêmes, qui se considèrent comme souverains. Les normes et limites fixées par d'autres (*hétéronomie*) cèdent la place à celles qu'on se donne à soi-même (*autonomie*).

Ainsi, sur le registre religieux, la révolution spirituelle inaugurée par Luther et la Réforme conduit-elle à l'abandon de l'autorité de l'Église au profit d'une relation intérieure directe entre le fidèle et Dieu. Chacun doit pouvoir lire les Écritures par lui-même, dans sa langue, les comprendre et les interpréter selon son cœur, sans la surveillance d'une institution, sans la dogmatique imposée par ce pouvoir central, extérieur à la conscience individuelle, qu'incarne le pape.

Sur le registre politique, une des premières conséquences de cette rupture est la revendication inédite de la liberté de conscience, qui conduit à exiger la neutralité religieuse de l'État. Il n'appartient plus au roi, ni à aucun pouvoir central, de décréter quelle doit être la religion de ses sujets ou citoyens. Les anciennes limites du politique sont dépassées. Peu à peu, les cartes seront rebattues, longuement, jusqu'à la séparation de l'Église et de l'État et l'avènement de la laïcité.

Une mutation analogue affecte l'individu. Jadis, chacun existait selon sa place. En fonction de sa naissance, noble ou servile, chacun tenait son rang, vivait dans les limites qui lui étaient assignées, au sein d'un système qui s'était structuré sans lui. Dans l'optique moderne, tout repose sur l'individu. Il construit sa propre place dans la société, forge sa réussite et son destin. C'est à lui seul qu'appartient son corps, tout comme les biens qu'il acquiert par son travail.

C'est finalement par l'individu que doit s'édifier la société, et non l'inverse. De lui doivent émaner décisions et lois. Lui seul trace les limites, les déplace, les transforme. Il ne les subit plus, il les crée. Certes, il va obéir à des lois, mais qu'il aura lui-même définies. « Autonomie » ne signifie rien d'autre.

La conséquence majeure, sur le registre politique, est une mise en cause des autorités traditionnelles, bientôt un rejet violent. Les individus récusent tout assujettissement. Ils se veulent citoyens, souverains, égaux en droit. « *L'homme naît libre, et il est partout dans les fers* », écrit Rousseau dans *Du contrat social*. Une grande tâche s'élabore dans les bibliothèques, se met en œuvre dans les rues : le dépassement de toutes les servitudes, qu'elles soient imposées par la force ou constituent des « servitudes volontaires », comme disait La Boétie.

Le mouvement de la pensée politique européenne a pour fil rouge une quête de libertés toujours plus vaste, du temps de Montaigne à celui de Camus, de l'Âge classique, marqué notamment par Hobbes et Locke, jusqu'aux révolutionnaires du XXe siècle, en passant par les penseurs des Lumières, les utopistes de la Révolution industrielle et les théoriciens marxistes. Cette longue histoire est loin d'être seulement intellectuelle, chacun le sait. De Cromwell aux soviets, en passant par la Révolution française et ses répliques du XIXe siècle dans toute l'Europe, une succession de réformes, rébellions, révoltes et révolutions a secoué les nations occidentales.

Chaque fois, conquérir de nouvelles libertés revint à dépasser les limites politiques antérieures. En détruisant des carcans, en bousculant des traditions, en renversant des pouvoirs établis. De même que les bornes de l'univers avaient disparu, les contours de l'action individuelle s'élargissaient au maximum. Au cœur de ces soubresauts se trouvent les libertés, certes, mais aussi, et surtout, l'individu.

Facettes de l'individualisme

Ce qui relie profondément dépassement moderne et individualisme, c'est l'idée que chacun décide souverainement des limites, de celles qu'il accepte ou refuse, de celles qu'il surmonte ou transgresse. Seul juge, et seul responsable.

Toutefois, dans sa radicale pureté, ce principe n'est évidemment pas applicable, tel quel, à la vie sociale. Si c'était le cas, régnerait « la guerre de tous contre tous », comme dit Hobbes, le chaos des meurtres et des violences sans fin.

Il est donc indispensable que les individus s'accordent pour créer une autorité et une force publiques assurant la sécurité des personnes et des biens. Mais qui garantit que ce pouvoir ne deviendra pas, à son tour, arbitraire et tyrannique ? Qui peut assurer que l'État, destiné à protéger les citoyens, ne se retourne pas en menace contre eux ?

Il faut donc s'efforcer de concilier autonomie de l'individu – et tout ce qui s'y trouve lié : sa possibilité d'expansion sans fin, son droit à posséder, son dépassement permanent des limites en raison de sa liberté – avec la vie commune et la paix sociale – et tout ce qu'elles impliquent : échanges commerciaux, coexistence des opinions et croyances, conflits et concurrences de toutes sortes.

Ce que le politologue canadien Crawford B. Macpherson a dénommé « théorie de l'individualisme possessif [1] » a prétendu résoudre ce dilemme. Fonds commun de nombreuses analyses philosophiques, économiques et politiques des Temps modernes, cette conception suppose que l'individu se définisse, d'abord et avant tout, par la propriété.

Une personne se possède elle-même. Elle est propriétaire de son corps et ses facultés de manière inaliénable. Les relations de travail et de commerce avec les autres

1. Crawford B. Macpherson, *La Théorie politique de l'individualisme possessif. De Hobbes à Locke*, Folio essais, n° 446, 2004.

supposent un marché où s'achète et se vend tout ce qui peut l'être dans le respect des libertés de chacun. Dans cette perspective, toile de fond du libéralisme économique et politique, la seule limite à la liberté de l'individu est constituée par les règles permettant l'exercice des libertés de tous. Ainsi se nouent, au moins idéalement, économie de marché et démocratie parlementaire, capitalisme et individualisme.

Encore faut-il voir qu'il existe plus d'une face de l'individualisme. S'il est moteur de l'économie marchande et du dépassement des bornes traditionnelles, il peut aussi susciter une forme de retrait du collectif, un repli sur soi et sur le cercle étroit des proches. Alexis de Tocqueville, dans *De la démocratie en Amérique*, décrit finement ce symptomatique décrochage moderne : « *L'individualisme est une expression récente qu'une idée nouvelle a fait naître. Nos pères ne connaissaient que l'égoïsme. L'égoïsme est un amour passionné et exagéré de soi-même, qui porte l'homme à ne rien rapporter qu'à lui seul et à se préférer à tout. L'individualisme est un sentiment réfléchi et paisible qui dispose chaque citoyen à s'isoler de la masse de ses semblables, et à se retirer à l'écart avec sa famille et ses amis ; de telle sorte que, après s'être ainsi créé une petite société à son usage, il abandonne volontiers la grande société à elle-même*[1]. »

Ce phénomène historique de l'individualisme, alors émergent, ira s'intensifiant jusqu'à nos jours, transformant radicalement du même coup le jeu des limites. Au temps de Tocqueville, ce n'était qu'un travers récent.

1. Alexis de Tocqueville, *De la démocratie en Amérique*, Flammarion, coll. « GF », 2010.

Peu à peu, il s'imposera comme nouvelle donne politique et philosophique, terreau d'une évolution qui touchera tous les registres, en impulsant une accélération sans frein au dépassement lui-même.

Emballement, transgression, jusqu'où ?

Quand le dépassement doit-il s'arrêter ? En d'autres termes : quelle est la limite, si elle existe, au franchissement des limites ? La question va se poser, avec de plus en plus d'acuité, sur presque tous les registres de l'activité moderne.

Pour la connaissance, la réponse est facile : pas de terme à la recherche scientifique, pas de borne à l'extension des savoirs. Mais, dans les domaines économiques, politiques, philosophiques et moraux, il est bien plus difficile de trancher.

Existe-t-il une limite ultime à l'expansion financière ? à la prospérité industrielle ? au marché ? aux technologies ? Si oui, laquelle ? Sinon, pourquoi ? Chacun est aujourd'hui conscient que ces interrogations se font pressantes. Mais la diversité des cas concrets et la multiplicité des angles d'analyse rendent difficile une réponse globale, du moins pour ceux qui souhaitent se garder des partis pris idéologiques et des actes de foi unilatéraux.

En revanche, l'histoire a montré, face aux limites à opposer aux tyrannies par exemple, comment l'exigence révolutionnaire parvenait à s'autodétruire en ne cessant de vouloir se dépasser elle-même. Après 1789, la Terreur fut la première expérience concrète de cette pureté exterminatrice. Dans ce regard qui outrepasse toute limite réelle et humaine, personne, jamais, ne sera assez révolutionnaire, assez incorruptible, assez patriote pour ne pas être soupçonné de trahison, donc accusé, donc condamné et exécuté.

Ce processus politique qui s'autodévore par la nécessité d'aller toujours au-delà, toujours plus loin dans l'accusation et l'épuration, s'est reproduit maintes fois, dans le Parti communiste soviétique, la Chine maoïste, les démocraties populaires, chez les Khmers rouges... Chacun est soupçonné, sans fin, d'être fidèle au monde ancien, incapable de le quitter vraiment, alors même qu'il faudrait avancer encore, faire un pas, puis un autre, indéfiniment, pour s'éloigner à jamais de l'humanité précédente.

Ce qui compte n'est pas ce qui est réel, ni ce qui est réalisable. Peu importent les faits, les fidélités ou trahisons effectives, les conditions objectives. Au nom du désir de révolte, illimité, s'enclenche un rêve paroxystique de bouleversement sans fin dont Camus a élaboré une analyse exemplaire dans *L'Homme révolté*[1].

Car la révolte est d'abord et avant tout une pensée de la limite. Elle naît de la conviction qu'un seuil a été franchi, une borne dépassée, que l'intolérable s'installe, qu'il faut le refuser pour demeurer humain. Mais, quand la révolte oublie cette « mesure des choses » qui lui donne naissance, elle débouche sur la destruction et le nihilisme. Camus l'explique : « *La révolution sans autres limites que l'efficacité historique signifie la servitude sans limites. Pour échapper à ce destin, l'esprit révolutionnaire, s'il veut rester vivant, doit donc se retremper aux sources de la révolte et s'inspirer alors de la seule pensée qui soit fidèle à ces origines, la pensée*

1. Albert Camus, *L'Homme révolté*, Gallimard, 1985.

des limites. » Ce ne fut pas le cas, c'est le moins qu'on puisse dire, au cours de l'histoire moderne, émaillée de transgressions sans bornes.

Il arrive en effet que le rapport aux limites en vienne à être subverti dans son principe même, dans un jeu assumé de transgressions. Les Temps modernes furent aussi des temps qui ont cultivé et conjugué des transgressions de toutes sortes – religieuses, morales, esthétiques, etc. – avant que les limites elles-mêmes finissent par être délaissées.

Changement de représentation, quelle date ?

Impossible de dater avec exactitude le moment où se transforme la représentation des limites qui caractérise la post-modernité. D'autant qu'aucune de ces représentations ne s'efface à jamais. Elles se superposent et se chevauchent toujours plus ou moins. Toutefois, il est certain que la seconde moitié du XXe siècle a vu émerger une nouvelle donne, en lien avec les soubresauts qui ont fracassé, en Occident, la foi dans le progrès et l'attente de jours radieux.

La liste des cataclysmes du XXe siècle est connue, la rappeler suffit : deux guerres intra-européennes et autodestructrices, les totalitarismes hitlérien et stalinien, la Shoah, le Goulag, Hiroshima… Ces déluges eurent raison de l'idée que la science et la technique assuraient la paix et le bonheur, que la culture était un rempart contre la barbarie.

Les espoirs placés dans les sciences se sont retrouvés disqualifiés, se transformant peu à peu en défiance ou en crainte. La foi en l'histoire s'est amoindrie, l'espoir collectif s'est éclipsé. L'idée de progrès s'est faite « slogan », « cliché », mythe trompeur. Les horizons temporels se sont estompés, le passé n'étant plus que mémoire, l'avenir n'étant plus désirable ni même figurable. Il ne restait qu'à consommer, des équipements ménagers et des loisirs, et des bouffées de radicalité rêvant d'extirper du monde toute limite.

Ce n'est pas un hasard si Mai 68 retint pour première maxime « Il est interdit d'interdire », qui vise à paralyser la mise en œuvre de la moindre limite. Que l'interdit soit moral, juridique, réglementaire ou religieux, qu'il concerne l'alimentation, la sexualité, la circulation ou le commerce, toujours il *pose* une limite et la fait respecter. Refuser d'interdire équivaut à *déposer* toutes les limites.

Inutile d'insister sur le caractère absurde de cette injonction. Sous couvert de liberté maximale, elle incite à la barbarie. Si rien ne pouvait plus être interdit, alors le meurtre, le viol, l'inceste, l'anthropophagie et la torture ne sauraient être entravés. Quand bien même on trouverait un motif de vouloir leur faire barrage, on ne le pourrait pas, puisque précisément interdire se trouve *interdit*.

Cela est évidemment irréalisable, mais symptomatique d'une démarche qui prétend tout rendre « libre », à cette unique et paradoxale condition : poser à toute action possible une *limite* première, absolue, mais dissimulée, recouverte, camouflée. En effet, cette déclaration qui se veut fondatrice, programmatique, établit une limite originaire, qui interdit, *afin* de pouvoir proclamer une liberté supposée intégrale...

« Interdit d'interdire », comme « Guerre à la guerre » donnent l'illusion de tout changer, alors même que ces mots d'ordre confirment une continuité : l'interdit perdure, la guerre se poursuit. Toutes les limites s'effacent, à la condition décisive qu'on en pose une seule, recouverte du voile de la libération complète. Georges Bataille qualifiait l'interdit de « scandale de l'esprit ». L'interdit d'interdire est bien plus problématique. Absurde dans son principe, ses conséquences réelles sont multiples. Elles contribuent à une nouvelle représentation des limites. Ou plutôt, on va le voir, à leur non-représentation.

De Sade à Foucault

Au défi permanent du dépassement des limites, au jeu de sa surenchère, la transgression s'impose.

Certes, dans bien des cas, l'écart entre dépassement et transgression peut se révéler mince : il en était ainsi quand les progrès de la raison, dans l'esprit des Lumières, conduisaient à transgresser des convictions religieuses, quand la libération des mœurs transgressait des conventions antérieures.

Mais, si le dépassement des limites signifie toujours les faire vivre, les faire bouger, les maintenir pour se projeter au-delà, la transgression, elle, présuppose l'attaque, une provocation sans cesse rejouée, une agressivité entretenue envers la limite. Elle veut la subvertir, en corroder le principe, contester son existence même. Au point que, par haine de toute limite et dans un paradoxe ultime, la transgression est recherchée pour elle-même.

Le marquis de Sade en fut un précurseur exemplaire, lui qui affirmait désirer la transgression même et encore lorsqu'elle n'avait plus aucune raison d'être. Croire que dans la surenchère de blasphèmes qui émaille ses œuvres il cherche à choquer les esprits religieux, à les faire souffrir, en affirmant sa propre incroyance, est insuffisant.

En fait, Sade a besoin de ces signes religieux *pour* jouir de les bafouer, de les souiller, bien qu'ils soient, à ses yeux, totalement dépourvus de signification. S'adressant à Dieu, il proclame : « *Je voudrais qu'un moment tu pusses exister/Pour jouir du plaisir de te mieux insulter.* »

On ne saurait mieux exprimer le paradoxe de cette transgression sans objet. Dieu n'existe pas, mais, pour avoir le plaisir de l'insulter, il faut qu'il existe. La limite abolie doit être maintenue *pour* être déjugée. Parce que, dans ce cas, ce qui doit l'emporter n'est pas la raison mais le désir. Il devient impérieux de transgresser – au nom d'un désir par définition inextinguible. Un désir qui sans cesse outrepasse les limites que le réel impose, alors que le désir, lui, n'en connaît pas.

À quoi s'ajoute l'éloge de l'excès permanent comme source de jouissance : « *Tout est bon quand il est excessif* », dit Juliette, l'héroïne de *Juliette ou les prospérités du vice*.

C'est d'ailleurs à partir de l'œuvre du marquis de Sade et de celle de Georges Bataille que le philosophe Michel Foucault, dans son *Éloge de la transgression*, choisit d'éclairer le lien qui, selon lui, rendrait limite et transgression solidaires et inséparables : « *La limite et la transgression se doivent l'une à l'autre la densité de leur être.* » La limite n'existerait donc que pour être transgressée-recréée dans une sorte d'évanescence explosive et tendue. Évoquant le Divin Marquis, Foucault conclut : « *La limite ouvre violemment sur l'illimité, se trouve emportée soudain par le contenu de ce qu'elle rejette, et accomplie par cette plénitude étrangère qui l'envahit jusqu'au cœur*[1]. »

Cet *Éloge de la transgression* n'est pas simplement un texte daté, de circonstance. En réalité, toute l'œuvre de Foucault est centrée sur l'exploration des limites, pour les scruter et les contester à la fois, pour ébranler, fragiliser, saper les dispositifs de pouvoirs que, selon lui, elles génèrent.

Son travail théorique entier tourne autour des partages, et corrélativement des transgressions, qu'une culture instaure – que ce soit entre raison et folie, dicible et indicible, normalité et anormalité, légalité et illégalismes... En élaborant cette archéologie des limites, en travaillant sur leur mise en place historique, et donc leur relativisation, Foucault fournit continûment des outils qui visent à les défaire. Non pas les déplacer, mais les faire carrément sauter, comme un « artificier », selon son expression.

En cohérence avec ce projet d'ensemble, Foucault récuse l'identité comme assignation à résidence, enfermement et coercition. De façon répétée, il exprime son désir de se débarrasser de ce qui identifie, il souhaite n'avoir plus de visage et pouvoir changer sans cesse de place, de rôle ou d'apparence. Cette sculpture de soi perpétuellement remaniée a une visée d'abord esthétique : que chacun fasse de sa vie une œuvre d'art mobile... Plus souterrainement, ces métamorphoses sans fin offrant des vies alternatives cherchent toujours au bout du compte à repousser, à esquiver la finitude et la mort, que Foucault dénie par le rire.

1. Michel Foucault, *Dits et écrits*, Gallimard, 4 vol., 1994.

On se tromperait en voyant dans cette pensée la cause de ce que nous vivons aujourd'hui. Mais elle constitue un marqueur philosophique décisif de la seconde moitié du XXe siècle, annonçant et préparant l'effacement contemporain dont nous éprouvons les conséquences. En ébranlant les contours des savoirs et des pouvoirs, en interrogeant la formation historique de l'intériorité des individus, Foucault finit par mettre en cause l'existence même de l'homme. Ainsi la formule, devenue célèbre, qui clôt *Les Mots et les Choses* annonce-t-elle un autre monde : « [...] *on peut bien parier que l'homme s'effacerait, comme à la limite de la mer un visage de sable.* » La voie vers l'effacement est désormais frayée.

Chapitre 3

L'effacement contemporain

En quoi consiste au juste cet effacement des limites ? Quels sont ses ressorts, ses singularités ?

Nous avons décrit, en ouverture, ses manifestations concrètes et les résistances qu'il suscite, en ébauchant les figures d'un *Homo illimitatus* et d'un *Homo limitans* qui sont pour nous des fictions, des personnages conceptuels, porteurs de récits et de fantasmes qui s'imposent aujourd'hui, avant d'être des réalités.

Il faut s'arrêter sur ces traits du présent, car la question de nos rapports aux limites, de plus en plus, se révèle cruciale. La pandémie en cours à l'heure où nous écrivons ces lignes le souligne et le confirme, mais laisse en suspens toute réponse. Opposer hâtivement « monde d'avant » et « monde d'après » ne rend compte que trop partiellement de ce qui est à l'œuvre.

En fait, l'effacement contemporain des limites n'a plus rien à voir avec leur respect antique ni leur dépassement moderne.

La démesure des Grecs, l'*hubris*, pouvait déborder les limites, celles-ci demeuraient intangibles et valorisées.

Quand les Modernes, assoiffés d'illimité, s'activaient pour aller toujours plus loin et tracer leur route vers le progrès, ils prenaient en compte, encore et toujours, les limites dans le mouvement même qui les faisaient progresser d'horizon en horizon. Leur dépassement, tendu vers l'illimité, supposait toujours des bornes à dépasser.

L'assèchement du large

Le XXIe siècle, lui, agit tout autrement. Son personnage central, *Homo illimitatus*, pris à son propre jeu, a opéré un renversement inaperçu, le conduisant du dépassement acharné des limites à leur effacement pur et simple. Comment ? En désinvestissant l'idée même de limite, en la délaissant, en la désignifiant. Dans son imaginaire.

Tout se passe comme si, dorénavant, les limites n'étaient plus une préoccupation. Pour une large partie de nos contemporains, elles ne méritent même pas d'être combattues ardemment. Elles deviennent caduques, périmées. Le processus d'effacement ne consiste donc pas à les éradiquer, à les gommer avec ténacité et rage, mais plutôt à les vider insensiblement de tout contenu, à les disqualifier en tant que telles. Loin d'être une guerre ouverte, l'effacement procède bien souvent par désaffection et désintérêt.

Ce mouvement constitue, à notre avis, la toile de fond nouvelle de notre époque. Pour mieux la comprendre, il va falloir en scruter les arrière-plans, ne pas s'en tenir à ce qui s'offre au regard de façon ostensible, même si, sur le devant de la scène, le spectacle d'un « toujours plus » se poursuit, persiste, et s'amplifie.

On pourrait presque dire que le sens des limites s'est perdu comme on égare un objet, abandonné par inadvertance. Dès lors, l'illimité change de sens. Il ne procède plus par franchissement, mais par effacement.

L'appel du large qui animait le dépassement moderne s'est éclipsé. Il a été remplacé par son étrange assèchement. L'illimité n'est plus cette immensité, d'abord physique, spatiale, inaccessible mais désirable, qui a fasciné les siècles précédents. Il n'est plus lié à l'horizon, qui perd sa force d'attraction, ni au temps, qui s'immobilise et se conjugue au seul présent. Il se réoriente. Ce qu'il vise désormais est d'abord mental. Il investit les domaines de l'intelligence artificielle. Il se psychologise en remodelant modalités et comportements dans la recherche incessante de réalisation de soi et de performances.

Si le dépassement des limites est devenu suranné, si les limites sont dédaignées, jugées obsolètes, c'est bien parce que l'illimité paraît à portée de main, de calcul, de désir, sans plus d'obstacles.

Parce que s'imposent, dans tous les champs du savoir, des algorithmes déployant leur puissance de calcul exponentielle, promettant de tout saisir, tout anticiper, tout contrôler, tout gérer.

Parce que *Homo illimitatus*, à la fois atomisé et mondialisé, se revendique autonome et perd de vue le collectif. Centré sur la satisfaction impérieuse de désirs sans bornes, il ne se croit plus comptable que de lui-même. L'idée de performance lui est devenue un mantra intériorisé, à tel point qu'elle détermine ses faits et gestes. *Illimitatus* a absorbé le monde. Il continue à courir, mais sans aller nulle part, puisqu'il est devenu tout.

Première hypothèse : un désir en excès

Au premier regard, si on considère ce contemporain effaceur de limites dans sa version offensive et volontariste, on pourrait le croire habité de désirs surpuissants, le rendant capable de fracasser les digues et de balayer les clôtures, sans états d'âme, puisqu'il est devenu « maître et possesseur de la nature » grâce à la technique et à la science. Rien ne lui résiste.

On envisagerait alors l'hypothèse d'un sujet entraîné par son désir roi, qui commencerait par dénier les limites mêmes de son corps. Âge, vieillissement, usure sont à mettre de côté, entre parenthèses. La limite ultime de la mort est à rendre invisible.

Il se rêve également autosuffisant. Il croit détenir, à sa disposition, tous les savoirs du monde, toutes les musiques du monde, tous les contacts, toutes les réponses. Là encore, sa maîtrise est sans bornes. Du moins le pense-t-il...

Sous le signe de l'accélération, « cet enivrement de la modernité », il veut aller vite, déteste ce qui ralentit, et plus encore ce qui immobilise. Il glisse, continûment, entre les instants, les sensations, les masques. Il surfe sur la vie.

Et aussi dans la ville, dans ces « non-lieux » décrit par l'anthropologue Marc Augé, ces espaces urbains interchangeables, endroits de passage anonymes, « dont les limites sont peu définissables ». À son tour, la ville elle-même devient « illimitée dans tous ses faits et gestes : plus rien ne la freine[1] ».

1. Marc Augé, *Non-lieux. Introduction à une anthropologie de la surmodernité*, Seuil, 1992.

Ce personnage de fiction se rêve sans identité fixée, sans différence, changeant de catégorie comme on change de tee-shirt. Il revendique de ne pas choisir entre les possibles, il les veut tous. En fusion avec le grand Tout. En fin de compte, il préfère ne rien connaître du négatif. Ce qui résiste et déçoit lui paraît insupportable.

Obstacles, maladies, efforts, apprentissages, attente, incertitudes, échecs... ces aspérités, bénignes ou terribles, sont pour lui négligeables, voire suspectes. Toutes ces pauvres limites sur lesquelles butaient les humains ancien modèle, auxquelles il leur fallait souvent se résigner, ou qu'ils devaient parvenir à franchir, lui font secrètement horreur. Il préfère donc les effacer. Ce qui évite, croit-il, de les rencontrer.

Principale conviction qui l'anime : ce qui dysfonctionne proviendrait des limites qui persistent. Encore un effort, et ces dernières entraves seront détruites... L'abrasement systématique des limites signerait l'aboutissement d'une révolution anthropologique non formulée, entreprise inlassablement, à bas bruit.

Bien entendu, ce prototype n'est pas valable universellement. Certains seulement, si l'on sort des récits, peuvent mener cette existence où la plupart des limites se trouvent reléguées au grenier pour obsolescence. La vie fluide, mobile, flexible, les identités plurielles, les genres indifférents, les changements de lieux, de fonctions, d'apparences, la versatilité des rôles, tout cela suppose des moyens et des cartes mentales qui ne sont pas donnés à tous.

Ce qui se rencontre plus facilement dans les métropoles que dans les périphéries, où vivent ceux qui ne peuvent s'offrir le luxe apparent du monde sans limites. Assignés, ceux-ci continuent d'habiter un monde entravé, où les contraintes pèsent assez lourd pour que les croire invisibles soit impossible. Captifs de limites dont ils ne peuvent s'affranchir, ils regardent passer le train à grande vitesse où flottent, dans un espace sans frontières, ceux à qui tout semble accessible, à portée de clic.

Cette césure entre humains dédaigneux des limites et ceux qui y restent enclos n'est pour l'instant que sociale et culturelle. Si on prêtait l'oreille au récit fantasmatique du transhumanisme et des biotechnologies, la coupure pourrait un jour devenir organique et corporelle, au service du rêve d'un « homme augmenté » pourvu de capacités cognitives supérieures, d'une meilleure résistance aux pathologies, d'une durée de vie allongée. Avec, au final, le risque d'une humanité à deux vitesses qui se profile. Ce « meilleur des mondes » dépourvu de limites peut fasciner ou terrifier, selon que l'on se croit sur le point d'y accéder ou pas.

Si l'on s'arrêtait là, l'affaire semblerait entendue d'un siècle où un désir revendiqué, à cor et à cri, imposerait ses lois.

Pourtant, à l'instant où l'on se recule pour considérer ce tableau rapidement brossé, un doute s'insinue. Et si ce décor masquait un autre paysage, une tout autre version, moins grandiose, moins souverainement désirante ? Et si, comme dans ces anamorphoses où l'on découvre d'autres figures sous la forme apparente, tout cela n'était qu'un leurre ? Si l'effacement contemporain des limites, leur abandon, leur désinvestissement correspondaient au contraire à un affaiblissement du désir, à son atrophie plutôt qu'à son intensification ?

Au lieu de considérer nos contemporains, au monde apparemment sans limites, comme de grands fauves, défiant les périls, pulvérisant les obstacles, ne vaudrait-il pas mieux les considérer comme des êtres affadis, perpétuellement en quête de sensations pour se sentir exister ? Dans un tour de passe-passe, ils convoqueraient sans cesse la démesure *pour masquer* leur lassitude et leur vide intérieur, rejetant toute mesure comme frilosité et lâcheté.

La bonne hypothèse serait-elle alors celle d'un désir en panne, en cale sèche, dont l'effervescence et l'agitation permanentes maquilleraient l'évidement plutôt qu'elles révéleraient le trop-plein ?

Seconde hypothèse : un désir en panne

Un détour par Nietzsche permet d'envisager cette seconde hypothèse, lui qui soutenait que désir et limites sont symétriques et inverses. Si les Grecs de l'Antiquité cultivaient un si vif souci des normes et de la mesure, c'est justement *parce qu'*ils étaient le siège de désirs multiples, puissants et chaotiques. Ils devaient impérativement canaliser cette démesure, sous peine de la voir tout emporter.

Chez nos contemporains, rejetons de la société industrielle, rien de tel, constatait Nietzsche, qui anticipait avec acuité les mutations contemporaines. Sous le masque de la démesure revendiquée, sous le mépris affiché pour l'idée de limite, devenue inopérante, se révélerait au contraire, comme sur un négatif photographique très pâle, une panne du désir.

Aux héros grecs, avides de conquêtes territoriales ou morales, tentant de canaliser leur *hubris* débordante, il faudrait alors substituer ces « derniers hommes[1] » qu'évoque Zarathoustra. Sans grand rêve, sans grand besoin, sans grand désir, ils s'emploient à éviter les risques, les souffrances, le tragique, les conflits avec le réel, avec eux-mêmes, avec les autres.

Aujourd'hui, ces précautionneux se gonfleraient de démesure exhibée, en proportion inverse de leurs désirs. La mesure, qui était vertu difficile, maîtrise de soi toujours à reconquérir, devient, selon l'expression du philosophe Olivier Rey, « tiédeur, médiocrité, ennui[2] » pour un siècle qui rêve de dissolution des limites uniquement pour se donner le sentiment d'exister à profusion.

Dans la description par Nietzsche des « derniers hommes », on retrouve bien des traits évoquant nos contemporains, du moins certains d'entre eux : rêve d'effacer, de manière fantasmatique ou réelle, les limites de la vie, des sentiments, et l'ultime confrontation avec la mort. Sans oublier l'effacement décisif du politique par désintérêt grandissant à son égard : « *Qui veut encore gouverner ? Qui veut obéir encore ? Ce sont deux choses trop pénibles. Point de berger et un seul troupeau !* » raille Zarathoustra.

Ainsi parle-t-il : les « *derniers hommes ont abandonné les contrées où il était dur de vivre* ». Le « dernier homme » choisirait de fuir les limites en les effaçant. Il aurait pour fantasme-horizon une ultime disparition de tout horizon, de tout contour, une fusion avec le grand Tout, qui permettrait la dissolution de toute identité,

1. Friedrich Nietzsche, *Ainsi parlait Zarathoustra*, Le Livre de poche, 1972.

2. Olivier Rey, *Penser les limites*, conférence à l'Espace éthique, 26 juin 2017, vidéo YouTube.

l'apaisement de toutes les tensions, une sorte de paix sans limites…

Ce projet semble faire écho à un autre programme d'annulation systématique des limites, formulé, conçu, explicité dans ses moindres détails dans une autre civilisation, celle de l'Inde ancienne. Ce n'est donc pas pur hasard si cette culture et sa postérité fascinent tellement l'Occident contemporain, fût-ce au prix de malentendus. La rencontre – imaginaire, peut-être même illusoire – de l'effacement contemporain et de cet effacement indien ancien renseigne sur l'arrière-plan de la situation actuelle. Elle mérite qu'on en dise quelques mots.

Le sentiment océanique

Le 5 décembre 1927, le romancier français Romain Rolland, auteur du cycle romanesque en dix volumes *Jean-Christophe*, Prix Nobel de littérature 1915, écrit à Freud. Ils se connaissent, s'estiment, et des liens amicaux se sont noués entre eux. Freud a adressé à son ami *L'Avenir d'une illusion*, l'essai qu'il vient de publier sur la religion envisagée du point de vue de la psychanalyse.

Dans sa lettre, Romain Rolland complimente Freud, lui dit partager ses analyses, mais regrette de ne pas voir prise en compte la « sensation religieuse[1] ». Il nomme

1. Henri Vermorel, *Sigmund Freud et Romain Rolland. Un dialogue*, Albin Michel, 2018 ; voir aussi Liliane Abensour, « L'attraction vers l'illimité : sensation océanique, psychose et temporalité », *Revue française de psychanalyse*, 2007/4, vol. 71.

ainsi un sentiment qu'il affirme éprouver fortement, comme des millions d'hommes, indépendamment des dogmes, des Églises, des révélations et des croyances, et qu'il décrit en ces termes : « *Le fait simple et direct de la sensation de l'"éternel" (qui peut très bien n'être pas éternel, mais simplement sans bornes perceptibles, et comme océanique).* »

Éprouver que l'on est sorti du temps, dissous dans un espace sans bornes, immergé et même fusionné dans l'univers, voilà ce que Romain Rolland nomme « sentiment océanique ». Il considère cette manière spontanée de vivre l'illimité comme le point de départ de toutes les spiritualités, en particulier celui des mystiques indiennes, qu'il est en train de découvrir.

Freud met deux ans avant de lui répondre, de manière argumentée, dans *Malaise dans la civilisation*[1]. Il y affirme n'avoir même jamais éprouvé, pour sa part, pareil sentiment, et s'efforce de l'analyser. Au cœur de ce débat précurseur sont examinés les limites du Moi, la possibilité ou non de les anéantir, l'aspect exaltant ou funeste de cet effacement. Voilà pourquoi cette discussion Freud-Romain Rolland nous importe, en ce point précis de notre parcours.

Pour comprendre ce « sentiment océanique », Freud revient sur la genèse du psychisme : « *À l'origine*, dit-il, *le Moi inclut tout, plus tard il exclut de lui le monde extérieur.* » Au commencement règne l'illimité : le Moi et le monde ont tendance à se confondre, les sensations internes et externes sont mal distinguées. Grandir, ce serait donc rétrécir – du moins si l'on admet que le Moi gagne effectivement en maturité en se différenciant

1. Sigmund Freud, *Malaise dans la civilisation*, Points, 2010.

du monde environnant, en prenant conscience des « bords » qui le délimitent.

« *Notre actuel sentiment du Moi*, poursuit Freud, *n'est donc qu'un résidu rétréci d'un sentiment beaucoup plus largement étendu, étendu même à tout, qui correspondait à un lien plus intime du Moi avec le monde environnant.* » Devenir un individu consisterait, dans cette optique, à passer de l'illimité indistinct aux limites, de l'océanique au terrestre, du tout aux singularités. Le chemin inverse, vers l'océanique, la dilution de soi, la fusion cosmique serait, selon Freud, une régression.

Ce que Romain Rolland conteste, lui qui se nourrit alors de textes indiens et publie successivement des biographies de Gandhi, de Râmakrishna, mystique du XIXe siècle, et de Vivekananda, son disciple, une des figures de la rencontre moderne entre tradition indienne et Occident. Pour Rolland, la fusion avec le Tout n'est pas régression mais progrès. Elle constitue une ouverture vers le large, et non un recul en direction d'une phase dépassée de notre rapport au monde. C'est une croissance, une libération, en aucun cas une involution ni une illusion. Il s'évertue à en persuader son ami, lequel demeure sceptique, voire poliment méfiant.

En fait, leur discussion est sans fin. Parce qu'elle oppose deux conceptions de l'humain, de la vie, de l'individu et des limites, dont chacune entraîne des conceptions opposées du monde. Mais leur antagonisme n'intervient pas à n'importe quelle époque, ni dans n'importe quel contexte. Les examiner peut éclairer notre effacement contemporain.

En 1931, vers la fin de leurs échanges, Romain Rolland écrit encore à Freud : « *Je distingue très nettement en moi : 1) Ce que je sens ; 2) Ce que je sais ; 3) Ce que je désire. Ce que je sens, je vous l'ai dit, et je l'ai exprimé dans l'introduction au* Râmakrishna *: c'est l'"océanique". Ce que je sais, c'est le : "Que sais-je ?" de Montaigne. Et ce que je désire, c'est : Rien... (Rien, pour moi.) Pour les autres, que puissent leurs désirs s'accomplir ! Mais je n'aspire à rien de plus, pour moi, qu'au repos – à l'effacement total, illimité.* »

Or, pour Freud, cet « effacement total, illimité » signifie tout simplement la mort, le retour à un état antérieur au vivant. En 1920, dans *Au-delà du principe de plaisir*, il a élaboré la notion de « pulsion de mort » comme désir d'en finir avec la tension entre l'individu et le monde, comme tendance à la suppression des limites qui définissent un individu et son existence. Le principe de plaisir cherche la répétition de ce qui cause un soulagement, l'abaissement de la tension engendrée par le désir. « Au-delà... », la pulsion de mort chercherait, elle, la répétition de l'état d'avant toute tension, toute individualité, toute limite organique et psychique.

Ce n'est pas un hasard si Freud avait d'abord dénommé *Nirwanaprinzip*, « principe de nirvâna », sa première ébauche de la pulsion de mort. En effet, depuis le XIXe siècle, en particulier depuis les multiples allusions de Schopenhauer à la pensée bouddhiste, cette idée s'est répandue en Occident : l'axe principal de la conception indienne de la délivrance se fonde sur le refus de l'individuation. Perdre ses contours, ne plus être un Moi séparé, se fondre dans l'Absolu sans limites, voilà en quoi consisterait le *nirvâna*, la délivrance – dont le « sentiment océanique » fournirait une possible approche.

Ce qui oppose Freud et Romain Rolland n'est donc ni anodin ni anecdotique. Dans leurs échanges se discerne un tout autre enjeu qu'une divergence amicale entre deux auteurs, dans l'Europe de l'entre-deux-guerres. En filigrane, on peut y lire la confrontation de visions antagonistes des limites de l'individu, et de ce qu'il convient d'en faire.

Soit on valorise les délimitations du Moi, on juge leur renforcement gage de maturité, comme Freud le soutient. Soit on pense que leur effacement est souhaitable, que les contours individuels doivent s'estomper ou s'anéantir, comme Rolland l'affirme. Cet antagonisme témoigne de traditions philosophiques et spirituelles qui se sont longtemps développées sans se connaître, en Europe et en Inde.

Sont-elles réellement en train de se rencontrer ? Ou bien le monde occidental contemporain projette-t-il sa propre recherche d'effacement sur les spiritualités d'Asie ? Faut-il suivre Romain Rolland quand il affirme éprouver un sentiment partagé en tout temps et tout lieu, ou faut-il y voir un symptôme avant-coureur de la propension de l'Europe contemporaine à la dissolution des contours ?

Le rêve indien

« Tu vois cet arbre ? dit le maître au disciple. Tu es cela aussi. » La même scène se répète avec une abeille, puis d'autres objets. « Tu es cela aussi » est une des « grandes paroles » de la tradition indienne. Maintes fois reprise et commentée, elle figure pour la première fois dans une *Upanishad*, datant des environs des VIIe et Ve siècles avant notre ère.

Que signifie « Tu es cela aussi » ? À peu près : « Tu n'es rien de séparé, tu te trompes en imaginant que tu es toi, et qu'il y a ici un arbre, là une abeille, ailleurs d'autres objets, car il n'existe qu'une réalité unique, sans délimitation, sans césure, en toi comme hors de toi, car cette distinction n'a pas de contenu, et quand tu éprouveras pleinement cette unité absolue, tu auras retrouvé la réalité... »

Il s'agit bien d'annuler toute limite, et de manière radicale. « Sujet » et « objet » sont vus comme des distinctions illusoires. « Moi » et « monde » aussi. Homme et animaux également, de même que « homme » et « nature ». Tout au long de l'histoire culturelle de l'Inde, ce mouvement d'unification ne cessera de s'approfondir et de se perfectionner. Il en constitue un trait fondamental.

Évitons de parler de la « pensée indienne », de la « philosophie indienne », comme si existait une unité homogène et simple[1]. Les écoles de pensée – matérialistes, brahmaniques, bouddhiques... – sont nombreuses, diverses, parfois opposées sur des points cruciaux. Toutefois, il demeure incontestable que la suppression méthodique des catégories et la dissolution des limites constituent un vecteur clé de cette culture.

Dans l'histoire intellectuelle de l'Inde, la doctrine qui l'emporta sur toutes les autres privilégie l'identité parfaite de la conscience et de l'Absolu par annulation de toutes les limites et de toutes les différences. Nous les croyons réelles, à tort, alors qu'elles ne sont qu'illusoires.

1. Roger-Pol Droit, *L'Oubli de l'Inde*, Points, 2003, et *Le Culte du néant*, Points, 2004.

Tout ce qui sépare devrait donc, peu à peu, être abandonné. Cela revient à défaire l'idée d'individu, de conscience séparée, mais aussi, en fin de compte, de pensée. La logique, le langage, la réflexion fragmentent la réalité en unités discrètes. Pour retrouver la réalité unique, il faut parvenir à défaire, à délier, à dissoudre les idées et les mots.

On voit donc à quel point, entre Europe et Inde, les représentations des limites se trouvent aux antipodes l'une de l'autre. En logique, en morale, en politique, la pensée européenne n'a cessé de poser des lignes de partage. La tendance dominante, en Inde, est de faire exactement l'inverse : effacer ce qui sépare, révéler comme illusoire ce qui distingue, supprimer les constructions mentales qui échafaudent des catégories inexistantes.

« Il n'y a aucune différence nulle part », dit Swami Prajnânpad, un des représentants contemporains de cette tradition. Cette formule s'entend de manière littérale, et dans toutes ses conséquences : aucune différence entre humain et monde, parole et silence, bien et mal, être et néant…

Entre pensée européenne et tradition indienne, le contraste est ici total, et le débat sans fin, du point de vue métaphysique et spirituel.

Un air de famille

Échos superficiels ou convergences profondes ? Entre l'*Homo illimitatus* contemporain et l'idéal indien de délivrance par non-différenciation, les proximités apparaissent d'abord multiples. Par exemple : échapper à l'écoulement du temps aussi bien qu'aux contraintes de l'espace, considérer le réel comme un monde virtuel, une illusion changeante et bigarrée, un rêve plutôt qu'une substance solide, imaginer le Moi comme une perpétuelle métamorphose, une évolution continue, annuler toutes les oppositions mentales en les relativisant...

Ces traits paraissent suggérer l'existence d'un « air de famille » entre nos contemporains « illimités » et les penseurs de l'Inde ancienne. À cette liste, qui est loin d'être exhaustive, il faut assurément ajouter une réversibilité du plein et du vide, une équivalence du Tout et du Rien. Une des singularités du « non-dualisme », en Inde, est en effet de rendre inopérantes ces distinctions, d'annuler leur opposition. Plénitude ou vacuité dépendraient seulement du point de vue du spectateur...

Mais les ressemblances s'arrêtent là. Car un monde sépare l'Occidental contemporain des renonçants de l'Inde ancienne. Ces derniers sont des ascètes qui aspirent à une délivrance définitive et absolue, considérée comme le but suprême de l'humain sans être pourtant le seul. Car les « buts de l'homme », dans l'Inde antique, comprennent également le plaisir, le pouvoir, le maintien de l'ordre du monde – la délivrance ne vient qu'en dernier. Elle suppose de rompre avec tout, ce à quoi ne songent pas nos contemporains...

Demeure toutefois un air de famille. Comment l'expliquer ?

Il faut exclure d'emblée l'hypothèse trop simple d'une influence profonde de la pensée indienne sur les sociétés européennes. Ce ne sont pas la diffusion des doctrines indiennes, la pratique du yoga, l'engouement pour le bouddhisme qui ont transformé les Occidentaux.

Au contraire, c'est parce que son rapport aux limites s'est transformé, parce qu'il les neutralise et rêve de les annuler que notre contemporain éprouve cette attirance, voire cette fascination pour une tradition lointaine qui a conçu et pratiqué leur abolition plus qu'aucune autre.

Contrairement à ce que prétendait Romain Rolland, il ne faudrait donc pas penser le « sentiment océanique » et le désir de fusion avec le grand Tout comme des phénomènes universels, traversant les cultures et les siècles, se rencontrant chez les êtres humains quels qu'ils soient. Ce n'est pas à chaque personne, indépendamment de tout contexte, qu'il est donné soit de privilégier une existence avec des contours, soit de s'en délivrer pour fusionner avec l'univers.

Ce sont d'abord des situations historiques et culturelles qui voient évoluer ces représentations. Au moment où les limites deviennent en Europe l'objet de neutralisation et d'effacement, il devient compréhensible que la fascination pour l'Inde traditionnelle s'accroisse. *Homo illimitatus* cherche dans ces traditions ce qui lui ressemble. Plus que du calme, du bien-être ou de la sérénité, il y repère un modèle de dissolution. Tout autant qu'une forme de compassion pour toutes les vies, animales ou humaines, un sens aigu des métamorphoses, une divinisation du monde et de soi. Bref, tout ce qu'il est possible d'obtenir, croit-il, par balayage des limites.

Celui qui dit non

Si nous en restions là, on pourrait croire que seul *Homo illimitatus* doit retenir l'attention. Tout au contraire. Le point de départ de notre réflexion a été de constater que ce personnage n'est plus seul, triomphant. Face à lui s'est dressé *Homo limitans*, réinvestissant plus que jamais la question des limites.

Limitans dit « non ». Il refuse de toutes ses forces le monde indifférencié qui se met en place, où les limites semblent devenir une espèce en voie de disparition. Ce monde lui fait peur. Il craint d'y perdre ses repères, son identité, sa conscience de soi, sa vie. Il fait donc tout ce qu'il croit juste pour résister, contrecarrer la marche de l'effacement, et conserver un monde fixe, réglé.

À proprement parler, il n'agit pas, il réagit, puisque ses initiatives dépendent de ce qu'il refuse. Il est « réactionnaire », dans le sens où ce qu'il fait réplique aux actions des autres. Ce qui ne l'empêche pas d'être éventuellement « réactionnaire » au sens politique du terme.

Quand les autres scandent « Toujours plus ! », *Limitans* crie « Toujours moins ! ». Moins d'Union européenne, de mondialisation, d'expansion, ou de croissance, de consommation, de technologies… selon les cas, car cette espèce se subdivise en plusieurs genres. Certains ne jurent que par identités fixes et frontières étanches. D'autres rêvent de vie frugale, locavore et rurale.

Dans sa version identitaire, *Limitans* veut réaffirmer et consolider les identités, qu'elles soient régionales, nationales, culturelles, sexuelles ou religieuses. Il cherche à dresser des limites étanches pour protéger une pureté menacée, retrouver un entre-soi.

Dans sa version zadiste-antispéciste-anticonsumériste, *Limitans* souhaite sauver la planète, la vie sur Terre, accessoirement l'humanité. Il préconise de limiter la croissance, de limiter les déchets, de limiter les transports, de limiter les dépenses énergétiques, de limiter la démographie, de limiter l'arrogance anthropocentrée, de limiter les fortunes, de limiter les automobiles et plus généralement les trains de vie.

Frères ennemis, stratégie commune

Au bout du compte, cette première impression pourrait dominer : entre *Illimitatus* et *Limitans*, le combat serait frontal, l'opposition totale. Pourtant, à y regarder de près, là encore, les premiers plans se révèlent trompeurs, masquant des similitudes autrement instructives. Au lieu d'adversaires tout à fait dissemblables, on finit par découvrir des frères ennemis aux points communs décisifs.

Le premier réside dans une sorte d'essentialisation de l'idée de limite. Par-delà leurs divergences, effaceurs et défenseurs partagent finalement une même façon de la penser. Ils la considèrent en effet comme si elle possédait une réalité intrinsèque, une vérité propre, et lui attribuent implicitement une nature immuable, une essence qui la déterminerait une fois pour toutes. Avec le mot « limite » à la bouche, et l'idée en tête, ils manient une évidence qui n'appelle aucun examen, n'exige aucune élaboration. Qu'on la rejette, qu'on l'impose, une limite est une limite, voilà tout.

Ce n'est pourtant pas anodin, parce que croire que la limite possède une essence aboutit inéluctablement à la mise en œuvre, à son égard, de stratégies binaires, donc simplistes.

Au lieu de reconnaître combien les limites sont diverses, évolutives, problématiques, concertées, on écarte les nuances qu'il faudrait élaborer, les transitions qu'il conviendrait d'examiner. Toute complexité est esquivée. Les choix qui s'offrent, à l'égard des limites, se résument à supprimer ou à imposer...

Cette binarisation générale fonde l'équation du « Tout ou Rien », étendant son empire à presque tous les jugements et comportements. Une équation qui se renverse, à volonté, selon le point de vue que l'on adopte.

Ainsi *Homo illimitatus* accorde-t-il tout à son désir, rien aux limites. Que ce désir soit surpuissant ou fragile, comme nous en avons fait l'hypothèse, ne change rien au but poursuivi : en finir avec catégories et espèces, au profit d'une fusion généralisée.

Inverse mais semblable, *Limitans* accorde tout aux limites. Pour préserver l'ordre qu'il suppose devoir défendre (celui de la tradition, de la nature, de la vie...), il s'emploie à exiger des garde-fous autoritaires qui ne tiennent compte ni des désirs des autres ni de leurs libertés.

Les autres disparaissent

Autre conséquence, et non des moindres : ces stratégies ont pour résultat de faire systématiquement disparaître tout troisième terme. Avec un impact massif sur la représentation de l'Autre, des autres, qui se trouvent éclipsés. Ceux qui pensent autrement, vivent autrement, produisent ou consomment autrement deviennent des obstacles au rêve d'unanimité.

Dans son désir d'indifférencié idéalisé, *Illimitatus* ne supporte aucune exception. Dans sa logique d'un monde où chaque élément ne fait qu'un avec la Nature, avec le grand Tout, on aboutit à l'« effacement du visage de l'autre ». L'étranger et l'animal, « nous » et « eux », deviennent indistincts. Que des poussières d'étoiles. Cette indifférenciation proclamée entre les composants de l'univers dissout la notion d'altérité.

Le résultat est identique, par d'autres voies, si l'on suit *Limitans*. Sa logique se focalise sur les identités à préserver, et ferme les frontières, dresse des barrières. Les autres sont expulsés, refoulés au-dehors, annulés – par exclusion, cette fois, au lieu de l'être par fusion.

Place au Bien

Plus d'arbitre, aucun point de vue autre. Blanc ou noir, réversibles. Simplification, donc radicalisation, surenchère, juxtaposition de monologues plutôt que discussions véritables. Récits idéologiques d'abord. Aux antipodes d'un travail argumentatif, cette tournure idéologique signe le triomphe de la pensée binaire. Toujours au nom du Bien.

Car la singularité du moment présent est que chacun affiche sa noblesse éthique. Elle légitime les démarches, cautionne les impératifs, disqualifie les sceptiques. « *L'illimité a pour doctrine le recours permanent à l'idéologie de la belle âme, l'intolérance à l'égard de l'exception se note à l'exaspération devant qui se refuse à son étreinte généreuse et à sa religion de l'humanité*[1] », note à juste titre l'écrivain Éric Marty.

1. Éric Marty, « Les penchants criminels de l'Europe démocratique, de Jean-Claude Milner », *Les Temps modernes*, 2004/1, n° 626, p. 261-263 ; Jean-Claude Milner, *Les Penchants criminels de l'Europe démocratique*, Verdier, 2003.

S'il faut effacer les limites, c'est au nom du Bien, parce qu'elles entravent, emprisonnent, asservissent, font souffrir, confirmerait volontiers *Illimitatus*. Les effacer est moralement indispensable et urgent. Par exemple, laisser chacun choisir son genre, autoriser tous les usages de la procréation médicalement assistée, légaliser l'euthanasie, favoriser les expérimentations capables d'abolir la mort, ce serait, d'abord et avant tout, épargner des souffrances, œuvrer pour l'apaisement de l'humanité.

Même posture moralisante chez l'identitaire-populiste. C'est encore et toujours au nom du Bien que sont exigés le renforcement des limites, frontières ou interdictions, la préférence nationale ou la sauvegarde des traditions. Quiconque agit pour les « siens » combat la menace qui prend alors le visage des migrants susceptibles de détruire « sa » famille, « sa » communauté, « sa » patrie, « sa » race...

À leur tour, écologistes punitifs, animalistes, décroissants et consorts ne s'affichent pas moins farouchement moraux et moralisateurs. Leur combat pour la Terre et pour la Vie se veut d'abord combat pour le Bien. Pollueurs, consommateurs d'énergie fossile, consommateurs tout court, mangeurs de viande impénitents, sans oublier n'importe quel individu au bilan carbone désastreux sont jugés moralement coupables.

Autant de discours à tonalité morale sans issue ni compromis qui finissent par déborder le politique, au risque de finir par le discréditer, le disqualifier.

Question de sens

Tout au long de ces pages, nous avons tenté de décrire ce qui se trame autour des représentations des limites, des discours qui les accompagnent, de leurs définitions, de leurs enjeux, des aveuglements qu'elles suscitent parfois, qu'on les invoque, les combatte ou les écarte.

Avant de poursuivre, il est temps de préciser notre position dans ce débat afin que soient clairs et nets ce que nous refusons et ce que nous recherchons à travers notre réflexion. Au-delà des récits, des fantasmes qui se confrontent sans nuances et dont nous avons accentué, à dessein, l'aspect caricatural pour en montrer les travers.

Nous nous défions vivement de la tentation d'effacer les limites, convaincus qu'elle est porteuse de risques de déshumanisation, de totalitarisme et de barbarie.

Nous sommes persuadés que des limites sont indispensables et vitales, et qu'il importe donc, au plus haut point, de s'en préoccuper.

Mais certainement pas de manière autoritaire et rigide. Ni en imaginant des retours en arrière.

C'est pourquoi nous demeurons à la recherche d'une pensée de la limite qui sorte de ces écueils.

À juste titre, la transition écologique réclame de nouvelles limites et nous partageons cette exigence. La pandémie en impose avec force et nous les acceptons, au nom de nos responsabilités communes et du refus d'abandonner le lien collectif déjà si fragilisé.

Mais il ne suffira pas, pour trouver des réponses, de remettre des toges, de nous retourner béatement vers les Anciens mais bien d'imaginer pour notre époque un rapport plus souple, plus vivant aux limites et de l'assumer.

Il nous faut donc tenter, même modestement, de retrouver le « sens des limites » dans sa double portée : d'une part, en faire à nouveau un objet de réflexion – ce qui n'est pas si souvent le cas – pour en approfondir le contenu et rendre possibles, envisageables d'autres approches moins binaires.

D'autre part, insister sur leur sens comme direction, comme capacité à orienter nos pensées, nos actions, nos comportements. Afin d'ouvrir d'autres perspectives, en allégeant les limites de leur seul caractère punitif, menaçant, en soulignant leur valeur pour faire civilisation et en les réhabilitant dans leur dimension vitale.

Quatrième partie

Dix variations sur la limite

« Six hommes de l'Inde, qui voulaient parfaire leurs connaissances, allèrent voir un éléphant – bien que tous fussent aveugles – afin que chacun, en l'observant, puisse satisfaire sa curiosité. Le premier s'approcha de l'éléphant et, perdant pied, alla buter contre son flanc large et robuste. Il s'exclama aussitôt : "Eh bien ! L'éléphant ressemble beaucoup à un mur !" Le deuxième, palpant une défense, s'écria : "Oh ! qu'est-ce que cet objet si rond, si lisse et si pointu ? Il ne fait aucun doute que cet éléphant extraordinaire ressemble beaucoup à une lance !" Le troisième s'avança vers l'éléphant et, saisissant par inadvertance la trompe qui se tortillait, s'écria sans hésitation : "Je vois que l'éléphant ressemble beaucoup à un serpent !" Le quatrième, de sa main fébrile, se mit à palper le genou. "De toute évidence, dit-il, cet animal fabuleux ressemble à un arbre !" Le cinquième toucha par hasard l'oreille et dit : "Même le plus aveugle des hommes peut dire à quoi ressemble le plus l'éléphant ; nul ne peut me prouver le contraire : ce magnifique éléphant ressemble à un éventail !" Le sixième commençait tout juste à tâter l'animal, lorsque la queue qui se balançait lui tomba dans la main. "Je vois, dit-il, que l'éléphant

ressemble beaucoup à une corde !" Ainsi, ces hommes de l'Inde discutèrent longuement, chacun faisant valoir son opinion avec force et fermeté. Même si chacun avait partiellement raison, tous étaient dans l'erreur[1]. »

Ce poème, publié en 1872 par l'écrivain américain John Godfrey Saxe, s'inspire d'une antique parabole indienne de la tradition jaïn, pour faire éprouver à quel point notre saisie de la réalité est à la fois multiple, parcellaire, seulement approchée. Toujours dépendante d'un certain point de vue, même aveugle...

Pourquoi citer ce texte ? Pour indiquer d'emblée que nous gardons clairement à l'esprit qu'une notion comme celle de limite ne peut être approchée autrement que par variations, esquisses successives destinées à l'explorer sous ses diverses facettes. Pourtant, si ces approches sont différentes, toutes parlent de la même chose.

C'est pourquoi, il sera question dorénavant de « la » limite. Comme d'un terme générique. Car c'est sa représentation abstraite, à enrichir, à densifier, qui nous intéresse maintenant, et non la multitude de limites concrètes, disparates, rencontrées dans des situations innombrables.

Les propositions qui suivent ne veulent en aucune manière dire « la vérité » de la limite, ni en faire la théorie. Parce que la limite, toujours variable, fluctuante, s'y dérobe, relevant d'un autre type de discours. Mais à défaut d'une vérité de la limite, peut-être insaisissable ou inaccessible, nous souhaitons explorer à quelles conditions elle possède une efficace qui en fait la valeur, la nécessité.

1. John Godfrey Saxe, *The Blind Men and the Elephant*, in *The Poems of John Godfrey Saxe*, Boston, Houghton, Mifflin and Company, 1881.

Autre difficulté : la limite n'est pas un éléphant. Elle n'est pas palpable, même si des frontières, des contours, des codes, des barrières, des bornes matérielles peuvent souvent la signaler.

La limite n'est pas un objet, c'est une idée. C'est, avant tout, une représentation mentale. Une *cosa mentale*, comme dirait Léonard de Vinci. Par cette expression, il signifiait ce qu'était, pour lui, la peinture : d'abord une « chose de l'esprit », un produit de la pensée, qui, dans un second temps, trouve son expression et son achèvement dans un geste pictural. Un geste qui rend visible, qui donne forme à cette chose mentale.

De la même façon, la limite est une idée, à son tour rendue visible, dans certains cas, par sa représentation concrète dans l'espace, qui la symbolise.

Il n'en demeure pas moins que les limites ne sont jamais que dans nos têtes, dans nos jugements, dans nos affects, pas dans les choses. Par exemple, les limites morales, les limites de la connaissance, les limites physiques… La limite est alors une évaluation, un jugement, pas un fait. Une notion, pas un phénomène.

On dira que cela est valable pour toutes les notions. En effet, ce sont toutes des « choses mentales ». Qu'elle soit simple à concevoir (le chiffre deux, la notion d'égalité…) ou ambiguë et complexe (l'éphémère, la nostalgie…), aucune notion ne se rencontre en dehors de l'esprit.

Mais ce qui rend très singulière la limite est le fait que cette notion, sans qu'on l'aperçoive au premier abord, conditionne et permet l'existence de toutes les autres, leur émergence.

La recherche de cet éléphant mental fait naître le sentiment de découvrir un animal premier, originaire, qui ne ressemble à aucun autre, et se révèle rétif aux modes habituels de description. C'est sans doute pour cette raison qu'on ne trouve aucune entrée « Limite » dans la plupart des dictionnaires et encyclopédies de philosophie. Si la notion est partout en usage, omniprésente en filigrane, le concept demeure étrangement inexploré.

La notion de limite a comme trait premier de se tenir au principe de toutes les distinctions, d'être même ce qui les organise. Procédant aux différenciations, la limite permet la pensée. Elle en marque l'orientation, la spatialisation.

Au point qu'elle apparaît comme la condition non seulement de la pensée mais de l'organisation du vivant humain, dans toutes ses dimensions – biologiques, cognitives, psychiques, culturelles, morales, sociales, politiques...

C'est pourquoi penser et poser la limite – la déposer, la reposer, la repenser – constitue une des activités humaines principales, sans doute la plus décisive. En ce sens, la limite est la vie même. Sans limite, il n'y aurait ni pensée, ni relations, ni société. Pas d'existence, ni de coexistence.

Tenter de cerner la limite fait comprendre pourquoi la capturer est impossible. Si on ne peut l'enclore dans une unique définition, c'est justement parce qu'elle ouvre et organise la pensée, parce qu'elle régule les actions, et préside aux normes comme à leur mise en cause.

La difficulté de « dire à quoi elle ressemble » est double. Elle relève de son caractère principiel – à la fois fondateur, originaire, omniprésent – et de la singularité de ce principe, qui est plus une béance mobile qu'un socle ferme et fixe.

La limite habite les marges, les entre-deux, les espaces intermédiaires. Les silences entre les sons, les blancs entre les mots, les non-dits dans les discours. Elle existe en creux, rendant possibles les saillances, les configurations, le sens des phrases.

Ces croquis que nous proposons comme autant de facettes exploratoires ne convergeront pas vers une réalité rigoureusement définie. Cet inachèvement n'est pas seulement inévitable, et conforme à son objet, il est indispensable. Mais, à travers ces dix facettes, reliées les unes aux autres, qui nous entraîneront momentanément vers des détours parfois plus abstraits, nous souhaiterions mettre en lumière une sorte de logique interne de la limite.

Il s'agira au moins de sortir des pseudo-évidences non questionnées, des carcans rigides, des attitudes simplistes qui conduisent à croire qu'avec les limites c'est tout ou rien. À prendre, ou à laisser – tout d'un bloc. Dans des affrontements manichéens stériles.

Au lieu de n'y voir qu'entrave et barrière, dernier recours et contrainte, il faut mettre en lumière combien la limite recèle d'autres caractéristiques – épaisseur, profondeur, densité... –, souligner sa valeur positive, organisatrice, protectrice. Indéfiniment négociable, déplaçable, réinscriptible. En tout cas non récusable.

Parce que la limite est pour nous indéfiniment mobile, toujours en travail. Parce qu'elle est condition de la vie, elle ne saurait être inerte, figée, immuable. Seule la mort se déleste de la limite, jamais la vie.

Voilà ce qu'il faut expliquer.

1. La limite sépare et unit

Commençons par une brève expérience de pensée. Tentons mentalement d'ôter aux objets qui nous entourent les contours qui permettent de les délimiter. Ôtons ensuite les couleurs, les perspectives, les distances. Assez vite, il ne reste qu'une lumière cotonneuse, opalescente, comme un jour de brouillard très épais où rien ne se distingue. Maintenant, supprimons la lumière. Cette nuit opaque et vide laisse encore subsister notre conscience. Si nous parvenions aussi à l'annuler, ce serait enfin un néant sans séparation aucune. C'est-à-dire rien. Ou bien tout, peu importe. Impossible à distinguer, puisque toute séparation aurait disparu.

Cette tentative de « dé-séparation » est en quelque sorte une « dé-création » du monde, autrement dit une annihilation fictive du réel et de tout ce qui peut être perçu, dit ou pensé. Car tout n'existe que selon un principe de séparation. Lui seul fait exister. Aucune chose, aucun organisme, aucun vocable, aucune idée ne pourrait être s'il n'était d'abord, *pour pouvoir exister*, séparé du reste.

C'est d'ailleurs ce qu'attestent la plupart des grands récits fondateurs qui évoquent les origines du monde.

Dans la Grèce antique, vers le VIIIe siècle avant notre ère, Hésiode, dans sa *Théogonie*, retrace l'engendrement du monde et des dieux en commençant par ces mots : « Avant tout fut le chaos. » Ce dernier terme ne désigne pas le désordre où sombre une organisation qui se défait, quand des séparations s'annulent. C'est au contraire un état de confusion *antérieur* à tout partage. Ce mot grec, *chaos*, désigne une ouverture béante – gouffre ou abîme, espace sans fond, illimité. C'est en se séparant de l'indistinct que se créent les éléments du monde.

Dans le récit biblique, les deux premiers versets de la Genèse sont encore plus précis. Sur fond de « ténèbres sur la face de l'abîme », Dieu crée les cieux et la terre. Par une parole qui nomme et sépare dans le même temps, il fait advenir, selon un déroulement précis de sept jours, des éléments qui n'existaient pas antérieurement : il sépare la lumière d'avec les ténèbres, les eaux d'en haut d'avec les eaux d'en bas, la mer d'avec la terre, le jour d'avec la nuit, le pur et l'impur, le saint d'avec le profane… Nommer, séparer et créer constituent, pour le Créateur, une seule et même action. C'est en cela que réside sa toute-puissance. Sur terre règne d'abord ce que la langue hébraïque nomme *tohou vohou*, qui a donné notre « tohu-bohu ». Ici ce n'est pas un vacarme, un tintamarre de cris dissonants, plutôt un espace confus, sans signification, dépourvu de repères. La séparation-création du monde et de chaque espèce, « chacune selon son genre », rendra la terre humainement habitable, mettant fin à ce désert informe, inhospitalier, solitaire, indistinct.

Séparer, c'est créer. Voilà ce qu'expriment de capital ces récits. Tout acte créateur est d'abord un geste de séparation qui donne forme. En ce sens, la séparation est première, vitale. Et dans tous les registres : exister, parler, connaître, juger supposent toujours de séparer, de sortir de l'indéterminé, du brouillard de la confusion, du magma des éléments mêlés.

Aujourd'hui, célébrer la séparation, sans laquelle rien de réel ni d'humain ne serait possible, redevient urgent et nécessaire. Parce que incomprise, elle se trouve soit escamotée, soit ardemment combattue. Ceux qui tendent à effacer les limites jugent la séparation néfaste. Dans un mouvement à rebours, ils veulent en finir avec elle, prônent le retour à une indistinction avec une Nature idéalisée, rêvent de fusionner avec le grand Tout du sans-limites.

Toutefois, une question demeure : si la séparation est à l'origine, si elle est première, comment s'organise sa relation à la limite ? Habituellement, on pense la limite comme destinée à *produire* la séparation. On en vient à croire qu'elle la *crée*. Or, il n'en est rien. Le processus est inverse. La limite n'est pas la *cause* de la séparation, mais son *effet*. Elle en est l'indice, le signe, l'outil, éventuellement le garant. Elle n'en constitue pas l'origine. La séparation est première, la limite seconde. Elle en est la marque.

D'où cette autre question : si ce n'est pas la limite qui sépare, qu'est-ce donc ? ou qui donc ? La nature, Dieu, les humains ?... Nous n'entrons pas dans ce débat. Il suffit ici d'avoir souligné la nécessité indépassable de la séparation, indiqué son antériorité et sa prévalence sur la limite.

Toutefois, même seconde, la limite n'en est pas moins décisive : si elle n'existait pas, alors la séparation serait sans effectivité, comme non advenue, sans avenir. Seule la limite offre la possibilité de faire lien, de tenir ensemble, d'unir ce qui vient d'être séparé. Ici, unir ne signifie pas confondre, relier ne signifie pas annuler l'écart. C'est au contraire la fusion-confusion qui rend impossible une relation, quelle qu'elle soit… faute de termes indépendants à relier. Il n'est possible de réunir que des éléments identifiables comme tels. La limite conditionne et détermine leur existence.

Dans un seul et même mouvement, elle marque la séparation *et* permet la relation. Les deux ne s'excluent pas, ne se succèdent pas non plus, mais constituent les deux faces de la limite, recto et verso. Jamais l'un sans l'autre. La séparation est la condition de la relation. La limite est garante de ce mouvement.

Séparer et relier marchent donc ensemble, au lieu de s'exclure comme on a tendance à le croire. Cette double face ne semble un paradoxe que si on rate cette fonction de la limite – travers devenu fréquent, comme l'ont montré les pages qui précèdent.

Si on scotomise la limite, si on la maintient hors champ, toute séparation est vécue comme négative. Et on pense ne pouvoir échapper à ce malheur que par la fusion qui annule la séparation, restaure l'unité originaire, mais revient immanquablement à l'indifférencié.

En revanche, si on conçoit la limite dans sa double face, non seulement le prétendu paradoxe disparaît, mais la vie s'élabore autrement. On comprend qu'il faut qu'existent des autres pour faire vivre les relations, ensemble. Des autres séparés de nous, nous séparés d'eux, pour qu'une relation soit possible, garante des intégrités de tous.

Que cette relation soit d'amour ou de haine, de paix ou de guerre, qu'elle soit ambivalente comme presque toutes les choses humaines, voilà une autre affaire. Mais simplement pour qu'existe cette relation, entre deux entités, individus, groupes, peuples, idées, il est nécessaire de concevoir chacune de ces entités comme séparée. L'amour, l'amitié, le commerce, les affaires, le droit, la politique, les relations internationales ou interculturelles, la vie des idées, le langage… en fourniraient quantité d'exemples.

Ce que symbolise par principe la limite, c'est l'existence d'éléments séparés, mais pas forcément *disjoints*. Reliés, et non confondus. Ce jeu entre séparation et union n'est pas nouveau. Ainsi, quand le texte biblique parle « d'alliance » (Genèse 15,18 ou 21,27), il est déjà question de cette double face de la limite. Curieusement, en hébreu, « contracter une alliance » se dit littéralement « trancher une alliance » (*likhrot bérit*). Ainsi, quand Abraham concrétise son alliance avec Dieu, cette alliance est marquée par la délimitation concrète, tranchée, d'un espace et d'éléments entre lesquels le contractant doit cheminer. Chaque fois, l'union s'exprime par un terme évoquant la séparation et un acte évoquant une distance. S'instaure alors cette idée fondatrice que les contractants ne doivent pas être confondus pour que s'établisse un pacte. Cette tension entre séparation et union est exactement ce que la limite sauvegarde.

On doit l'une des plus fortes symbolisations picturales de cette idée à Michel-Ange. Sa *Création d'Adam*, sous la voûte de la chapelle Sixtine, représente ce moment de séparation entre un Dieu créateur et l'homme par l'espace maintenu entre les deux index tendus des protagonistes « infimement et infiniment, séparés[1] »... Un espace intermédiaire est ainsi tracé, presque imperceptible mais incommensurable. Une limite sans confusion. Comme un abîme entre le fini et l'infini.

Repenser la limite aujourd'hui commence donc nécessairement par un retour à l'idée de séparation. Contre les pensées globalisantes, contre l'abrasement des différences, il faut, pour maintenir le droit à l'exception, à la singularité, donc à l'altérité, repartir de la séparation en tant que fondement et principe.

Cela est d'autant plus urgent que l'on a constaté combien demeure puissante et captivante aujourd'hui la tentation d'une totalité qui s'emploierait à tout englober, luttant contre la séparation considérée, de façon péjorative et insuffisante, comme destinée seulement à exclure, à ostraciser. Cette lutte a culminé dans la philosophie occidentale moderne avec le romantisme et l'idéalisme allemands, qui ont porté cette hostilité à son paroxysme, avec le système conçu et parachevé par Hegel.

Dès ses premiers écrits, le philosophe allemand a bien eu comme obsession première de refuser la séparation sous toutes ses formes, d'en faire sa cible. Il n'a cessé par la suite de vouloir la dépasser, la surmonter, pour clore son projet grandiose de tout tenir ensemble dans ce qu'il appelle le « Savoir absolu », qui consacrerait une unité ultime, apaisée.

1. Daniel Arasse, « L'index de Michel-Ange », *Communications*, 1981, nº 34, p. 6-24.

À ce qu'il nomme la « folie de la séparation[1] » violemment dénoncée dans son texte sur *L'Esprit du judaïsme*, Hegel oppose sa propre obsession de la Totalité, pour réconcilier en esprit l'homme et Dieu, l'homme et la nature, l'État et la moralité.

Au-delà de la séparation, il s'emploie à faire saillir, dans chaque registre, le chemin d'une réconciliation réunifiant les éléments qui se donnaient comme séparés. Mais cette réconciliation n'est jamais une alliance ni une relation d'union. Elle est finalement plus proche d'une annulation des limites, des distances et des spécificités.

L'élaboration de son système s'efforce d'en finir successivement avec ces grands clivages, ces béances qui ont scandé l'histoire universelle, qui ont séparé Dieu et le monde, le sensible et l'intelligible, la religion et la philosophie, la raison et l'histoire, le réel et le rationnel, le visible et l'invisible, l'universel et le singulier, l'Être et le néant...

Que rien ne reste au-dehors, que tout soit pensé et capté – y compris ce qui se donne pour opposé, contraire. Tel fut le projet démesuré de cette dernière grande machinerie philosophique européenne.

Elle est déjà ancienne, oubliée de la plupart. Mais la postérité de ce projet, en finir avec la séparation dans son principe, demeure peut-être plus active que jamais.

1. Sur ce point, voir Andrée Lerousseau, *Le Judaïsme dans la philosophie allemande. 1770-1850*, PUF, 2001, et Bernard Dov Hercenberg, « De la séparation et de ses limites dans la philosophie de Hegel », *Études théologiques et religieuses*, 2005/1, t. 80, p. 49-69.

2. La limite permet la pensée

La spécificité de la limite, séparante et reliante, n'agit pas seulement dans l'espace physique et dans la société. C'est également en nous que ce processus opère, au fondement même de l'acte de penser.

On peut aller jusqu'à affirmer que la limite constitue, en tant que telle, un véritable opérateur de pensée. Dans nos manières d'élaborer des idées, de réfléchir, d'argumenter, de prévoir, la présence de la limite est permanente et décisive, bien que souvent inaperçue.

Sans limite, impossible d'isoler une idée d'une autre, impossible de les comparer, de les opposer, de les rapprocher, de les combiner. Il faut, au préalable, avoir cerné leurs contours, leur avoir donné forme. Rappelons qu'en grec ancien le mot *eïdos*, qui a donné « idée », signifie « forme ». La limite s'emploie à dessiner des formes dans d'incessantes opérations de partage et réunion, de recombinaison, qui modèlent l'activité de pensée.

Une histoire de la philosophie au prisme de la limite serait à imaginer. Elle raconterait comment, tour à tour, les philosophes n'ont eu de cesse d'étudier les processus de la pensée, en mettant en lumière le rôle premier de la délimitation dans les raisonnements comme dans la construction des concepts. Afin, encore et toujours, d'éliminer le confus, le non-signifiant.

Cette histoire dirait comment ils ont, sans relâche, cherché à distinguer entre l'apparence et la réalité, le vrai et le faux, le juste et l'injuste, entre l'argument concluant et celui qui ne l'est pas, posant des limites entre ces notions, graduant leur appréciation.

Socrate, parmi les premiers, a fait de la « coupure en deux », la dichotomie, un usage méthodique. C'est ainsi qu'il pense « traquer » une définition en procédant par divisions successives. Par exemple, dans le dialogue de Platon intitulé *Le Sophiste*[1], pour établir que le sophiste n'est qu'un marchand d'idées itinérant, vendant de ville en ville des idées qui ne sont pas les siennes, Socrate commence par distinguer entre le commerce des biens qu'on produit par soi-même et celui des biens produits par d'autres, puis divise à nouveau cette dernière activité entre celle qui est urbaine, locale, et celle qui s'organise de cité en cité... De proche en proche, l'instauration d'une suite de limites lui sert d'instrument central pour avancer, jusqu'à la spécification ultime.

Après Socrate, Aristote va approfondir ce travail de délimitation en s'attachant aux structures qui fondent la logique de la pensée. Dans *Les Catégories*[2], il détermine, exhaustivement croit-il, les dix sens possibles du verbe être. Ce qui revient à couvrir tout le champ de ce qu'on peut penser et dire (selon les catégories du temps, du lieu, de la qualité, de la quantité, etc.). Partant de ces catégories organisatrices, Aristote scrute ensuite les délimitations et liaisons entre les mots, les idées et les réalités, pour forger les outils logiques capables d'accroître nos connaissances.

Tout se rattache, au final, au *logos*, qui, en grec ancien, désigne indissociablement la raison et le langage,

1. Platon, *Le Sophiste*, traduction Nestor-Luis Cordero, Flammarion, coll. « GF », 2006.

2. Aristote, *Catégories*, présentation, traduction et commentaires par Frédérique Ildefonse et Jean Lallot, Points, 2017.

et marque la connexion première entre la parole et la pensée. Le *logos* est une machine à limites qui ne cesse de séparer, de diviser, de délimiter. L'humain, *zôon logikon* selon la définition d'Aristote, c'est-à-dire animal logique, parlant-pensant, ou encore « vivant-parlant », comme le dit aussi le récit biblique, distingue d'un seul et même geste les paroles, les idées et les choses.

En fin de compte, les mêmes opérateurs et les mêmes délimitations organisent la pensée et les mots, la validité des arguments et la construction des phrases. Dès lors, distinguer entre les vocables, c'est distinguer entre les idées. Longtemps après Platon et Aristote, si mille évolutions ont eu lieu, cette ligne de force demeure.

Quand Descartes, vingt siècles plus tard, décide de poser à nouveaux frais les conditions d'une connaissance vraie, il en appelle également, dans le *Discours de la méthode*, à la nécessité de repartir d'idées « claires et distinctes », conditions premières de l'acte de penser. Pour lui aussi, la distinction entre les idées, leur limitation, garantit contre la confusion, le mélange des représentations, l'absence de contours.

Plus explicitement encore, Kant, au temps des Lumières, se donne pour tâche, avec sa philosophie critique, de circonscrire le domaine de validité de la raison, de séparer le « savoir », qui dépend du champ de l'expérience, de la « croyance », qui concerne ce qui existe, ou non, au-delà des limites de notre expérience.

Toujours, il s'agit de se garder du chaos mental ou verbal, de combattre les possibilités de retour vers l'indistinct, l'informe – avec cette conviction que chaque nouvelle démarcation, chaque délimitation supplémentaire est un pas vers une pensée mieux aiguisée, plus fine, donc une connaissance plus précise.

Pour nous, l'essentiel est d'avoir indiqué le rôle – central, multiforme, constant – que jouent la limite et les réorganisations qu'elle permet. Et d'avoir entrevu que les distinctions entre idées sont indissociables du langage par lequel on les exprime.

Mais une autre question surgit alors : cette faculté de distinction relève-t-elle du langage *en général*, en tant que capacité universelle, proprement humaine, de symboliser, qui permet ces distinctions ? Ou concerne-t-elle une langue donnée, pourvue, chaque fois de ses particularités ?

Autrement dit, les catégories d'Aristote sont-elles, comme il le croit, liées *universellement* à l'être, ou seulement *relatives* aux propriétés spécifiques d'une langue, en l'occurrence le grec ancien, et n'existant que dans cette langue ? Contrairement à l'intuition première, à savoir que c'est le langage en général qui organise les catégories, le linguiste Émile Benveniste privilégiera, au XXe siècle, la seconde solution. Pour lui, c'est seulement une langue, à un moment donné, dans un espace donné, qui organise la pensée : « *C'est ce qu'on peut* dire *qui délimite et organise ce qu'on peut penser... Ce qu'Aristote nous donne pour un tableau de conditions générales et permanentes n'est que la projection conceptuelle d'un état linguistique donné*[1] », et serait donc relatif...

Faut-il en conclure que d'autres langues feront penser autrement les délimitations du monde ? Évidemment oui. Le découpage des catégories et des notions n'est pas le même en hébreu, en chinois, en sanskrit, en wolof

1. Émile Benveniste, *Catégories de pensée et catégories de langue. Problèmes de linguistique générale 1*, Gallimard, 1966, p. 63-74.

ou en d'autres langues. Ce sont d'ailleurs précisément ces écarts qui fécondent les recherches interculturelles.

Pourtant, si les humains parlent des langues dissemblables, et donc pensent différemment, on ne saurait pour autant conclure à la disparité radicale de leurs pensées. Parce que, en toute langue, quelles que soient ses singularités, persiste, dans son principe, la même exigence de différenciation et de discernabilité des sons et des sens.

De même que les idées ne sont pensables que si elles se différencient, les sons d'une langue, quelle qu'elle soit, ne sont opérationnels qu'en se distinguant les uns des autres selon un jeu de différences pertinentes. Le linguiste suisse Ferdinand de Saussure le résume de façon lapidaire : « *Dans la langue, il n'y a que des différences.* » Différences de sons et différences d'idées. Donc délimitations permanentes.

Dans toutes les langues, les combinaisons possibles sont en nombre infini. C'est cela qui permet de parler, et de penser.

En ce sens, la délimitation n'est jamais figée. La limite, comme opérateur de pensée, est un opérateur de mouvement. Rien à voir avec la cartographie d'un cadastre des idées. C'est un processus sans fin.

3. Toute limite est « limite de »

Il n'existe pas de limite générale, « en soi », pas d'absolu de la limite. On vient de le voir. Mais il faut mesurer les conséquences de ce refus d'essentialiser la limite, saisir combien chaque limite est celle d'une situation, d'une circonstance, d'une chose, d'une personne ou d'un groupe donnés. Il faut la relativiser, pour mieux l'appréhender.

Il faut donc insister sur le fait que toute limite est « limite de ». La formule évoque celle du philosophe Edmund Husserl à propos de la conscience : « *Tout état de conscience est conscience de quelque chose*[1]. » *Mutatis mutandis*, la limite se présente toujours comme limite *de quelque chose*, et *pour quelqu'un*.

De quelque chose, car elle se trouve, dans chaque situation, liée à des réalités ou à des identités spécifiques. Toujours contextualisée, la limite sépare et relie des éléments singuliers, existant dans *une situation particulière*. *Pour quelqu'un*, parce que l'existence de la limite dépend du regard de l'observateur. Elle dépend si directement des regards et des jugements que l'on porte sur elle qu'on peut affirmer qu'ils la font exister en tant que limite.

Bien sûr, nous continuons, par commodité, de parler de « la » limite, abstraction forgée pour réfléchir à ses traits d'ensemble et à ses fonctions. Mais, dans la réalité, chaque limite est spécifique, relative à son contexte. Tissée, tramée par cet environnement qui lui fournit son sens et sa nécessité, elle est locale, façonnée sur mesure par ce qui l'entoure. Elle ne peut donc s'étudier qu'au cas par cas. On ne peut décider de la modifier, l'affaiblir, la renforcer, la déplacer ou l'annuler qu'en fonction du contexte où elle se situe.

Par exemple, « la » frontière, en soi, en général, ne possède qu'une existence abstraite, malgré les repères matériels, les traces qui peuvent la symboliser. Elle

1. Edmund Husserl, *Méditations cartésiennes*, traduction G. Pfeiffer et E. Levinas, Vrin, 1947.

sépare et relie deux pays donnés, à un moment précis de leur histoire, en fonction de leurs relations militaires, diplomatiques, économiques, juridiques. Ainsi, au cours des XIXe et XXe siècles, les modifications de la frontière entre la France et l'Allemagne ont évolué au gré des circonstances politiques. Le point de vue sur cette même frontière varie, et parfois du tout au tout, pour qui est frontalier, touriste, migrant, douanier…

Cette relativité de la limite n'est pas anodine. Elle impose de se confronter à l'hypothèse troublante que la limite ne se rencontrerait pas dans le réel, et ne prendrait sens, n'aurait d'existence, de consistance, qu'en esprit. Selon le point de vue de celui qui l'observe. De sa subjectivité, de ses connaissances.

S'il y a un domaine où s'illustre, plus nettement que partout ailleurs, cette idée que « toute limite est limite de », et donc relative à ce qu'elle borne et borde, c'est bien le champ immense des connaissances, de leurs délimitations respectives, et plus généralement de la frontière entre savoir et ignorance. Dans toutes les disciplines, en effet, des sciences dures aux sciences humaines, sans cesse de nouvelles limites surgissent et rebattent les cartes qui séparent les connaissances acquises, dans un contexte donné, à un moment donné, de notre ignorance qui persiste et résiste.

Car tous les champs du savoir se confrontent à la notion de limites intellectuelles, avec comme objectif de les dépasser, d'accroître le domaine du connu, de faire reculer les zones d'ombre. Galilée, Darwin, Newton, Pasteur, Einstein, Alan Turing et tant d'autres incarnent ces avancées sans retour en arrière. Avec aussi, de tout temps, cette conscience d'un en deçà et d'un au-delà, d'une borne posée ou reconnue. Dans des jeux étonnants et paradoxaux.

Au premier regard, plus s'amplifie notre savoir, plus diminue notre ignorance. Au fur et à mesure que les bornes du savoir se déplacent, celles de l'ignorance aussi, mais en sens inverse : savoir plus reviendrait donc à ignorer moins. Ce n'est certes pas faux : quantité de connaissances, en mille domaines, sont aujourd'hui disponibles qui demeuraient ignorées hier. Demain, sans aucun doute, nous aurons remplacé kyrielles d'ignorances actuelles par des réponses scientifiquement établies.

Cette évidence masque pourtant une autre proposition, un autre mouvement de la limite selon lequel plus le savoir s'accroît, plus l'ignorance augmente. Il ne s'agit plus de la même ignorance. Cette fois, ce n'est pas l'absence de toute connaissance, mais la prise de conscience toujours plus aiguë des lacunes qui émerge de l'avancée du savoir elle-même.

Ainsi les astronomes de l'Antiquité ou de la Renaissance ne savaient-ils rien des trous noirs. Ils n'en ignoraient rien non plus, à proprement parler, puisqu'ils n'avaient pas la moindre idée de leur existence. Quand bouge la limite des connaissances en astrophysique, l'existence des trous noirs émerge, et avec elle la délimitation de ce qu'on ignore à leur sujet. Vague hypothèse au temps de Newton, possibilité confirmée de manière théorique au temps d'Einstein, réalité effectivement observée dans la seconde moitié du XXe siècle, les trous noirs sont devenus objets de nouvelles ignorances à dissiper, qui n'existaient pas antérieurement.

La remarque vaut plus encore, aujourd'hui, dans les domaines de la biologie, de la génétique, de l'intelligence artificielle et bien d'autres. Partout, de nouvelles questions font naître de nouvelles ignorances. Au lieu d'imaginer l'ignorance destinée à se restreindre et à s'amenuiser toujours plus au point de disparaître un jour, mieux vaudrait concevoir qu'elle change, se délimite autrement, continûment reconfigurée par le tracé mobile de l'avancée du savoir. Dans cette perspective, au lieu d'être paralysante, l'ignorance devient motrice.

Demeure l'interrogation la plus dérangeante, portant sur l'existence de limites qu'aucun progrès ne pourrait franchir, qu'aucune recherche ne parviendrait à surmonter. Les développements contemporains de la science – notamment en mathématiques et en physique quantique – tendent à saper la croyance d'autrefois en une possibilité d'expansion sans fin des connaissances.

Les piliers de la vision triomphaliste-expansionniste classique du XIXe siècle ont depuis longtemps été ébranlés. Ainsi, la théorie du chaos montre la limite de la possibilité de prédire avec certitude, par le calcul, les états d'un système déterministe. La physique quantique marque la limite de toute mesure objective d'une propriété, puisque voir le trajet d'une particule la modifie. En raison de l'interaction entre l'observateur et ce qu'il observe, on ne peut donc connaître qu'une réalité relative à notre intervention.

L'erreur à ne pas commettre serait de considérer cette limite de la connaissance comme dévalorisante, facilitant un retour de l'irrationnel ou de l'obscurantisme. Au contraire, comme le souligne le physicien Hervé

Zwirn : « *Prendre conscience des limites du pouvoir scientifique et préciser le plus exactement possible où et en quoi résident ces limites est une avancée cognitive majeure*[1]. »

Cette « avancée » n'est plus dépassement de la limite, mais reconnaissance lucide de son caractère indépassable. Le savoir se révèle borné, de manière intrinsèque, par nos capacités d'observation, de prévision, de compréhension.

Plus profondément encore, de même que notre regard définit la limite de ce qu'il nous est possible de voir – sans que nous en ayons spontanément conscience –, notre langage constitue en un sens la limite de tout ce qu'il est possible de dire et de penser. Ludwig Wittgenstein le formule ainsi dans le *Tractatus logico-philosophicus* : « *Les frontières de mon langage sont les frontières de mon monde*[2]. » Si ce qu'il m'est possible de penser est seulement ce que je peux nommer, le langage et le monde ont la même limite, et je ne peux la contempler « du dehors », car cela supposerait d'être situé à la fois des deux côtés, pour observer cette frontière « à partir de l'autre bord » – ce qui est évidemment impossible, car il faudrait alors que je pense… ce que je ne peux penser. Il en va de même, selon Wittgenstein, pour notre perception visuelle. La vision est ce qui permet de voir toute chose visible, mais sans jamais se voir elle-même ni voir le sujet, c'est-à-dire celui qui regarde. En ce sens, le sujet est la frontière du monde. Il n'est pas « dans » le monde,

1. Hervé Zwirn, *Les Limites de la connaissance*, Odile Jacob, 2000.
2. Ludwig Wittgenstein, *Tractatus logico-philosophicus*, Gallimard, coll. « Tel », 2010.

mais à sa limite. Il est limite du monde. Limite inaccessible, bien qu'éminemment présente.

Au bout du compte, cette limite indépassable suggère un parallèle inédit entre le savoir et l'horizon. Tous deux reculent à mesure que l'on avance, mais ne cessent d'inciter à continuer, même si demeure la conscience que cette marche sera sans terme ultime. Aucun savoir n'est intégral, aucun horizon n'est jamais le dernier.

La limite, toujours particulière, singularisée, contextuelle, est aussi le signe d'un inachèvement.

4. La limite n'est pas une ligne mais un espace

> « Telle est la servitude humaine, la soumission à deux maîtres opposés : la séparation et/ou la réunion[1]. »
>
> André Green

En évoquant la notion de séparation comme première et organisatrice, nous avions commencé à insister sur l'aspect proprement spatial de la question des limites. Un pas de plus peut être franchi en compagnie de Kant. Dans *Qu'est-ce que s'orienter dans la pensée ?*[2] le philosophe montre que le travail de la pensée consiste à « s'orienter géographiquement », comme avec une boussole, en opérant des différenciations.

1. César Botella (dir.), *Penser les limites. Écrits en l'honneur d'André Green*, Delachaux et Niestlé, 2002.
2. Emmanuel Kant, *Qu'est-ce que s'orienter dans la pensée ?*, Vrin, 2001.

Comme s'il était impossible de penser sans d'abord spatialiser, sans se forger une représentation des idées par leur localisation plus ou moins limitrophe, par l'indication de leur orientation. À partir de notre intuition sensible, structurée *a priori* par l'espace et le temps, les activités de la pensée procèdent d'abord par spatialisation.

Dès lors, la limite n'est pas seulement, comme on se la représente spontanément, par facilité, une rudimentaire ligne étanche, sans épaisseur, ou une fermeture radicale, hermétique. Il faut plutôt la penser comme une aire, une zone, un espace, un entre-deux, plus flou, plus incertain. C'est dans cet espace que s'active la limite organisant la relation entre soi et le monde.

La meilleure illustration de ce propos, on la trouve dans le domaine de la psychanalyse, qui, en explorant le psychisme humain, fournit d'instructives métaphores de l'idée de limite, de son existence et de sa mise en jeu.

Très tôt, Freud, s'intéresse à cette évocation des limites lorsqu'il formule sa première description d'un fonctionnement du psychisme compartimenté en trois espaces, en trois « entités topiques » : le conscient, le préconscient et le vaste champ de l'inconscient, qu'il est le premier à découvrir. Mais, d'emblée, il précise aussi comment notre représentation des limites ne doit pas être simpliste, simplifiée.

Pour mieux en saisir les contours, il use d'une métaphore picturale : « *Ne vous figurez pas que les diverses fractions de la personnalité soient aussi rigoureusement délimitées que le sont, artificiellement, en géographie politique, les divers pays. Les contours linéaires, tels qu'on les voit dans les dessins ou la peinture primitive, ne peuvent nous faire saisir les particularités du psychisme ; les couleurs fondues des peintres modernes s'y prêteraient mieux... Il est fort vraisemblable que les divisions sont très variables chez les différents individus, qu'elles se modifient même durant le fonctionnement et qu'elles peuvent momentanément s'effacer*[1]. » Pas de contours cernés mais plutôt une description qui n'est pas sans rappeler, si l'on conserve la métaphore picturale, la technique du *sfumato* mise au point par Léonard de Vinci, obtenue par superposition de plusieurs couches de peinture donnant aux contours d'un sujet un aspect évanescent, incertain...

Dès cette première topique posée, la voie est ouverte à nombre de différenciations descriptives qui vont sans cesse se relayer et s'enrichir. Et en premier, celle du Moi qui délimite monde intérieur et monde extérieur. Là encore, Freud définit le Moi comme un « être de frontière » qui continûment fait vibrer cette délimitation vivante en contrôlant et valorisant ses échanges entre le dehors et le dedans. Il introduit ensuite les notions de « barrière de contact », de « pare-excitation » comme écran et tamis, comme processus permanent de transformation qui s'opère entre le monde interne et la réalité.

Tout au long de son œuvre, Freud – empruntant à la science physique – élabore des polarités, des couples d'opposés (masculin-féminin, plaisir-déplaisir, principe de plaisir-principe de réalité, actif-passif...) et relève l'oscillation entre les deux qu'une limite maintient en tension, sans résolution, si ce n'est momentanée.

1. Sigmund Freud, *Nouvelles conférences sur la psychanalyse*, Gallimard, 1985.

Après lui, nombreux seront ceux qui enrichiront cette réflexion sur les limites. Des limites qui se veulent à valeur heuristique pour tenter d'aborder et d'expliquer le fonctionnement du psychisme, délimitations purement mentales, topologiques, qui mettent en relief les aspects transitionnels et conflictuels d'une zone de médiation.

Au point que le théoricien André Green invitera à considérer la limite comme « *le concept le plus fondamental de la psychanalyse moderne* ». Elle est, à ses yeux, « *une frontière mouvante et fluctuante, dans la normalité comme dans la pathologie*[1] ». Une limite qu'il choisit de décrire non plus dans sa seule représentation figurée, spatiale, mais plutôt comme un processus mental de transformation d'énergie et de capacité à symboliser. À cette fin, il crée le concept de « double limite », qui situe la possibilité de la pensée à l'intersection de la limite existante entre le dedans et le dehors et de celle, interne, qui sépare le conscient de l'inconscient. C'est en cela, précisément, que la limite est d'abord un espace en travail, une surface, une interface qui organise les relations d'échanges, en les filtrant.

5. La limite est un filtre

En effet, une traversée n'est possible que s'il y a quelque chose à traverser, une limite qui fasse espace-filtre et permette de discerner ce qu'il est important de laisser passer ou tout aussi important de refouler.

1. André Green, « Le concept de limite », in *La Folie privée*, Gallimard, 1990.

Là encore, la psychanalyse fournit les descriptions les plus développées de l'idée de la limite comme filtre.

On doit au psychanalyste Didier Anzieu d'avoir forgé la notion du Moi-peau[1] (1985) comme une barrière-interface, une entité à la fois psychique et corporelle, pour désigner les relations du moi à son environnement. Tandis que le psychanalyste britannique Donald Winnicott élaborait la notion d'espace transitionnel[2], pensée comme une « troisième aire intermédiaire d'expérience », située entre le dedans et le dehors, entre notre réalité interne et la réalité externe, qui favorise l'individuation de soi, ce sentiment de cohérence interne qui nous permet d'exister, de vivre en échange constant avec l'environnement.

On pourrait, métaphoriquement, caractériser cet espace mental par sa texture, celle d'un filtre qui agirait par percolation. Comme dans les machines à café. « Percoler » (du latin *percolare*) est le terme technique qui signifie « couler à travers », mais pas n'importe comment. En permettant une certaine porosité, ni trop serrée qui empêcherait l'eau de passer, ni trop large qui déjouerait le filtrage. On pourrait tout aussi bien comparer cette texture poreuse de la limite à celle d'une « membrane osmotique », telle qu'il en existe dans le fonctionnement du vivant biologique ou cellulaire.

Au final, il apparaît que la limite ne se contente pas d'organiser des espaces psychiques spécifiés mais devient elle-même un lieu d'activités spécifiées. Comme en cascade, le vivant, en travail, finit par apparaître comme permanent réajustement de la limite en activité.

1. Didier Anzieu, *Le Moi-peau*, Dunod, 1995.
2. D. W. Winnicott, *Jeu et réalité*, Gallimard, 1975.

Ce cheminement à travers les concepts techniques propres à la psychanalyse favorise surtout l'ouverture à un autre regard possible sur l'idée de limite. Qui peut s'appliquer dans d'autres champs de la vie, en soulignant à quel point la limite est cruciale pour nous situer dans le monde et dans nos rapports aux autres. C'est tout le jeu du champ social et relationnel qui s'y retrouve impliqué. C'est toute la complexité de la limite qui tend à la fois à disjoindre et à réunir qui y est relatée. Ce qui n'est pas sans effet sur nos simples vies personnelles quotidiennes, même si l'on n'y prend pas garde.

6. La limite est à la fois déterminée et indéterminée

Un jour de 1894, à Cambridge (Massachusetts), une goutte d'encre, malencontreusement échappée d'une plume, est tombée en haut à gauche d'une feuille, faisant tache. Plus personne ne s'en souviendrait, et nous ne serions pas en train d'en parler si le papier en question n'avait été celui de Charles Sanders Peirce (1839-1914), le philosophe américain qui a profondément renouvelé l'approche conceptuelle de la limite, en se préoccupant intensément de cet incident, qui lui fit aussitôt écrire ceci, dont ses cahiers rassemblés gardent la trace : « *Une goutte d'encre est tombée sur le papier et je l'ai encerclée d'un mur. Maintenant, chaque point de la zone à l'intérieur des murs est soit noir soit blanc, et aucun point n'est à la fois noir et blanc. Cela est évident. Le noir, cependant, est entièrement en un point, ou tache ; il est borné. Il y a une ligne de démarcation entre le noir et le blanc. Je demande alors à propos des points de cette ligne : sont-ils noirs ou blancs*[1] *?* »

On l'a compris, la question qui se pose ici constitue bien une interrogation sur ce qu'est une limite, sa fonction, sa possible indécidabilité, en tout cas son flou irréductible au niveau d'une représentation première, graphique.

Celui qui semble s'amuser à ces jeux est un des philosophes américains les plus originaux de la fin du XIXe siècle, encore insuffisamment reconnu en Europe. Plutôt marginal et solitaire, d'une curiosité boulimique et encyclopédique, rétif aux bureaucraties universitaires, il fut, avec William James, un des fondateurs du courant philosophique du pragmatisme, tout en poursuivant des recherches croisées en logique et en sémiologie qu'il rebaptise « sémiotique », c'est-à-dire la science des signes.

À travers une œuvre prolifique, il s'était donné pour tâche de « construire une philosophie comme celle d'Aristote », reprenant en charge les interrogations philosophiques les plus cruciales, d'Aristote à Hegel en passant par Kant, appliquant des méthodes scientifiques aux questions que pose la logique pour les clarifier et envisager des solutions inédites. Il s'est ainsi longuement interrogé sur les questions de la détermination et l'indétermination, et c'est en cela qu'il nous intéresse dans notre exploration de l'univers des limites. Nous y serons aidés par les remarques de Pierre Thibaud, un des éclaireurs de la pensée complexe de C. S. Peirce.

1. Jérôme Vogel, « Du papier à la pensée chez Charles S. Peirce : le cas d'une tache », *Genesis*, 37/2013.

Très tôt, Peirce affirme qu'il ressent « *depuis longtemps qu'un défaut sérieux dans la logique existante était qu'elle ne tient aucun compte de la limite entre deux royaumes*[1] ». Ces deux royaumes sont pour lui ceux de l'affirmation ou de la négation d'une proposition, en général. Autrement dit, qu'est-ce qui nous permet, à coup sûr, sans aucun doute, chaque jour, dans nos vies, d'affirmer ou de nier quelque chose, de porter un jugement ? Où se situe la limite claire entre ce que l'on peut affirmer et nier ? Entre ce qui est déterminé et ce qui reste indéterminé ? Existe-t-elle ?

Pour dépasser ce « défaut » qui le préoccupe, Peirce propose la notion inédite d'« états intermédiaires ou naissants », aussi qualifiés de « vagues », qui lui sert à réintroduire l'idée de frontière, celle qui nous intéresse. Il la formule ainsi : « *Il y a des cas où nous pouvons avoir une idée apparemment définie d'une frontière entre l'affirmation et la négation. Ainsi, un point sur une surface peut être situé dans une région de cette surface, ou en dehors, ou sur sa limite. Cela nous donne une conception indirecte et vague d'un état intermédiaire entre affirmation et négation en général, et, par conséquent, d'un état intermédiaire, ou naissant, entre détermination et indétermination.* »

Revenons donc à la tache d'encre, noire sur fond blanc, de 1894. Peirce ne cessera de l'interroger continûment, par la suite, à travers une série d'hypothèses qui peuvent donner le vertige. Comme face à un casse-tête chinois. Dans un premier temps, il s'en tient à l'examen

1. Pierre Thibaud, « Vers une philosophie de la limite. La notion peircienne d'"état intermédiaire ou naissant" », *Archives de philosophie*, 2018/1, t. 81, p. 143-166.

essentiellement graphique, topologique, des contours de la tache d'encre. Il cherche à déterminer où se situent le noir et le blanc sur la limite, en y apportant des réponses successives, chaque fois différentes.

Sa première hypothèse est celle de l'indétermination des points noirs ou blancs. Autrement dit, demeure indécidable si, sur cette limite, les points sont noirs ou blancs, ni noirs ni blancs. Cette supposition lui paraissant insuffisante, il émet une nouvelle hypothèse : celle de l'appartenance simultanée et indifférente du noir et du blanc à la limite, donc à la fois noir et blanc. Mais cette explication le laisse toujours insatisfait. Jusqu'à ce qu'il en vienne à conclure que la limite est une « interface » repérable seulement si elle est désignée, « marquée ». Sa désignation la fait exister en tant que limite. Dès lors, la frontière entre noir et blanc n'est plus ni noire ni blanche, elle n'est pas non plus les deux à la fois. Elle est le couplage des deux, « dans lequel les points-limites viennent se fondre les uns aux autres », comme intriqués.

Insensiblement, Peirce est passé d'une représentation graphique de la limite comme espace à la conception qu'il privilégie dorénavant. Celle, plus abstraite, d'un « état intermédiaire », « vague », « naissant », qui se situerait entre déterminé et indéterminé. Un état avec lequel les deux royaumes de l'affirmation et de la négation doivent compter, auxquels ils doivent accorder une part. La limite est dorénavant envisagée comme un « état naissant de l'actuel ». Cet accent relatif au temps, à l'actuel, devient une façon complémentaire d'exprimer les potentialités que recèle cet état intermédiaire, vague.

On l'a compris, cette démonstration s'applique, pour Pierce, au seul champ qui lui importe, celui des principes de la logique. Pourtant, elle nous semble faire sens et pouvoir être étendue, là encore, à d'autres domaines où l'on rencontre des limites.

Elle intervient dès que l'on tente de définir ce qu'est une limite qui ne serait pas simple rigidité et fermeture mais plutôt interface, où la possibilité de faire sens se joue en permanence, avec comme dans tout jeu, insuffisamment pris en compte, une part irréductible d'indéterminé.

7. La limite est dans le temps, continue et discontinue

La neige vient de tomber en abondance. Légère, poudreuse, immaculée, elle couvre le sol d'un épais tapis blanc. Après quelque temps, une fois fondue, elle sera méconnaissable : liquide, translucide ou boueuse.

Où est la limite entre ces deux états ? Comment penser la transition, l'état intermédiaire, la neige en train de fondre ? Cette limite qui évolue dans le temps déjoue les catégories habituelles. La neige qui fond n'est ni solide ni liquide, de moins en moins blanche sans être incolore et diaphane, moins froide mais à peine hors gel, etc. Elle se trouve dans une zone mal déterminée, que nos cadres de pensée ne parviennent pas bien à appréhender.

Parce que notre tradition intellectuelle a privilégié le bien défini et circonscrit, les états fixes dans le temps comme dans l'espace. En revanche, évolutions à bas bruit, processus sans effets de seuil visibles, transitions continues sont laissés de côté. Le philosophe et sinologue François Jullien a montré combien la transition est ce que la métaphysique esquive. Dans *Les Transformations silencieuses*[1], il souligne notamment comment l'entre-deux, le passage, le temps intermédiaire entre des états clairement déterminés, échappe, depuis Platon et Aristote, à la pensée européenne.

Existe-t-il une limite instantanée, séparant l'été de l'automne, l'automne de l'hiver ? ou bien la jeunesse de l'âge mûr, la maturité de la vieillesse ? Il vaudrait mieux parler ici de limites temporelles « glissantes », « progressives ». Leur mode d'existence, ni ponctuelle ni instantanée, s'étend sur une durée. De même, quand on change de paysage, en allant du Nord au Sud, la mutation n'est jamais une ligne frontière. La transition s'opère peu à peu, dans le temps nécessaire pour parcourir la zone intermédiaire.

La continuité de ces transformations à bas bruit, qui font passer insensiblement d'un état à un autre, d'une saison à une autre, d'un âge de la vie à un autre, n'a pas été prise en compte par la pensée occidentale. À l'inverse de la culture chinoise, qui, selon Jullien, a centré son attention sur ces processus mettant hors-jeu l'idée d'une limite déterminée.

Sous les contrastes séparant le début et la fin d'un processus (neige fraîche, neige fondue ; été ici, hiver là, etc.), la perspective chinoise met en avant une activité sans césure, donc une absence de frontières déterminables. Les discontinuités ne sont alors que les résultantes qui émergent, avec le temps, d'un processus continu. Sous cette apparente continuité, la perspective

1. François Jullien, *Les Transformations silencieuses*, Grasset, 2009.

européenne, elle, peut imaginer une infinité de seuils franchis, de limites passées. En ce cas, la situation s'inverse, la continuité devient le résultat d'un processus discontinu.

Il n'est pas simple de concevoir comment se situe la limite dans cette temporalité de l'entre-deux. Elle semble à cheval entre le continu et le discontinu, entre l'instantané et la durée. Sans doute retrouve-t-on ici, sous une autre forme, le paradoxe précédent du déterminé et de l'indéterminé – comme si la limite relevait d'un statut intermédiaire, d'une situation ambiguë. Elle se trouverait d'un certain point de vue continue, d'un autre discontinue, tout comme elle se trouve à la fois déterminée et indéterminée.

Dans le flux temporel, les instants, eux aussi, sont, en un sens, déterminés et indéterminés. Ils se succèdent, se distinguent, mais n'ont pas de bords nets. Voilà qui peut permettre d'envisager comment se jouent les rapports singuliers de la limite avec le temps.

Au premier regard, il est simple de constater que la limite apparaît souvent *temporaire*. En presque tout domaine, des bornes se déplacent avec le temps – telle frontière disparaît, telle nouvelle division émerge, tel contour évolue. Il est moins simple d'apercevoir que la limite fait coexister en elle un aspect évolutif et une dimension qui paraît hors du temps.

Que ce soit en logique ou en morale, par exemple, force est de constater, en examinant les principes fondateurs, que des séparations-réunions, des délimitations organisatrices persistent, imprescriptibles, au fil des millénaires. Le principe de non-contradiction ne se transforme pas plus que la règle d'or de « ne pas faire aux autres ce qu'on ne voudrait pas subir soi-même ». Le temps jamais n'érode ces principes. Certes, on voit changer les façons de les expliquer, de les appliquer, mais pas les divisions principielles. Il y a donc, dans la limite, une part première que la succession des générations, des époques et des sociétés n'affecte pas.

Pourtant, elle n'est pas tout entière éternelle. Au contraire, la limite est bien *temporelle*, inscrite dans le flux du temps, de manière cruciale. Respecter une limite, la dépasser, la tracer ou la fortifier, ces actions ne peuvent exister et prendre sens que dans le temps. Parce que ce sont des élaborations, des agencements d'actes successifs, non des accomplissements instantanés et fulgurants.

Cette appréhension temporelle se révèle essentielle. Pour tenter d'atteindre la limite, il faut l'imaginer dans l'avenir. Pour constater qu'elle est dépassée, il faut la ranger dans le passé. La modifier est encore une démarche graduelle. Chacune de nos relations à la limite se trouve pétrie de temps, si l'on peut dire. Mouvement du temps et mouvement *de* ou *vers* la limite semblent indissociables.

C'est sans doute une des raisons pour lesquelles l'époque actuelle en perdant ses perspectives temporelles a perdu le sens des limites. Cette métamorphose de la relation collective au temps a commencé à affecter les sociétés occidentales au cours de la seconde moitié du XXe siècle. Elle a été décrite par des historiens, sociologues et anthropologues sous le nom de « présentisme[1] ». Avec comme traits principaux : du côté du passé, une représentation de l'héritage historique qui

1. François Hartog, *Régimes d'historicité*, Seuil, 2003.

s'affaiblit. Le poids des événements d'hier n'est plus ressenti, la conscience de l'histoire et de ses continuités fait place à la célébration intermittente d'un « devoir de mémoire ». Du côté de l'avenir, les buts à atteindre collectivement deviennent flous ou irreprésentables. Les lendemains ne sont plus attirants ni même figurables, le sens des actions communes n'apparaît pas.

Tout se passe comme si l'existence n'était plus qu'un présent, suite d'instants sans construction orientée. Ce qui compte est seulement l'intensité de ces instants successifs – ce n'est plus la perspective d'ensemble où ils s'inscrivaient, venant de quelque part, allant ailleurs.

À la même période où le présentisme s'installait, la tentation de l'effacement des limites émergeait. Il n'est pas simple de décider entre cause et conséquence. La désaffection envers le sens des limites a-t-elle engendré le désintérêt envers le sens du temps ? Le déclin de la conscience historique a-t-il suscité l'effacement des limites ? Ces questions restent en suspens. Mais un lien existe, qui n'est pas de pure coïncidence, entre présentisme et tentation d'effacer les limites. L'épaisseur temporelle de la limite s'est trouvée oubliée, négligée, avant que les limites elles-mêmes le soient.

Or, cette situation semble à son tour évoluer, s'infléchir. Le présentisme jusqu'à saturation commence à laisser place à un retour de perspectives temporelles, et – corrélativement ? – la demande de limites se fait pressante. Dans l'actualité, que ce soit avant la pandémie ou depuis, un indice frappant de ces reformulations se repère dans l'attention inquiète que porte une large partie de la jeunesse à l'avenir de la planète, à la préservation de la biodiversité, à la lutte contre le dérèglement climatique. Ce phénomène signe la réintroduction d'une perspective temporelle qui s'était éclipsée et d'un horizon d'espoir qui se dessine dans la prise de conscience conduisant à réexiger des limites.

Cette exigence peut prendre des formes excessives, maladroites, voire intenables. Elle peut être à critiquer, et même fortement. Elle n'en révèle pas moins une résurgence conjointe du souci collectif des lendemains et de celui des limites, des retrouvailles avec le sens des responsabilités, de la perspective d'une éthique désormais soucieuse du futur.

Le tournant intellectuel essentiel qui a conduit à une temporalisation de la limite éthique s'est amorcé avec *Le Principe responsabilité*[1], publié en 1979 par le philosophe Hans Jonas. C'est à lui en premier que l'on doit d'avoir fait comprendre que la puissance extrême des technologies contemporaines impliquait précaution et vigilance si l'on voulait sauvegarder la possibilité d'une vie pleinement humaine pour les générations futures.

Auparavant, la limite entre ce qui était préférable et ce qui devait être écarté d'un point de vue moral était conçue indépendamment du temps. En éclairant les conséquences de nos actions sur les générations futures, et le devoir qui nous incombe de préserver leurs conditions d'existence, Hans Jonas a introduit le facteur temps dans la réflexion éthique concernant nos responsabilités communes. À travers son héritage et l'impact contemporain du *principe de précaution*, entré dans l'usage courant et même inscrit dans la Constitution française, la limite est désormais pensée au prisme de l'avenir collectif.

1. Hans Jonas, *Le Principe responsabilité*, Flammarion, coll. « Champs », 2013.

À ce moment de notre parcours, une ébauche de la limite se dessine, et ses traits se rassemblent. La limite serait donc séparante et reliante, organisatrice de la mise en œuvre de la pensée, des valeurs, des normes. Elle se constituerait comme un espace filtrant ou encore comme un état qui oscillerait entre déterminé et indéterminé, entre continu et discontinu. En tout cas toujours en position intermédiaire. Il n'est donc pas étonnant de la retrouver, contractuellement, au centre de toute négociation, au point de dire qu'elle en est à la fois la condition et l'objectif.

8. La limite est négociation

Il est simple de constater que la limite, bien souvent, résulte d'un rapport de force, de rapports de pouvoir. Dans presque tous les cas où elle se trouve tracée par les décisions humaines, c'est au terme d'un processus où s'exercent des pressions opposées. La limite conserve alors la marque d'un compromis, par définition révisable, susceptible de reprises et de remaniements.

Il en va ainsi, par exemple, chacun le sait, des frontières entre États, des législations, des décisions de justice, mais aussi des conventions collectives, des contrats privés, et même des règles de vie familiales. La liste des exemples peut se poursuivre indéfiniment.

Toutefois, il est un domaine où cet aspect négocié de la limite est d'autant plus intéressant à examiner qu'il mobilise nombre de débats contemporains : celui du déploiement des réseaux sociaux issus de la révolution numérique et de la menace qu'ils font peser sur la représentation de l'intimité en ces temps de transparence exacerbée. Nous l'avions évoqué plus haut.

Mais cette fois, il s'agit de constater comment les enjeux autour de cet effacement de l'intimité, parfois décrit comme la « fin de la vie privée », sont l'occasion de nouveaux rapports de force, d'inédits rapports de pouvoir. La puissance exponentielle des réseaux sociaux liée à l'expansion des Gafa est régulièrement dénoncée. Ces derniers sont souvent considérés comme de véritables molochs virtuels, imposant leurs diktats à des utilisateurs soumis, acculés à leur bon vouloir, à leurs injonctions et manipulations illimitées.

La réalité n'est pas aussi simple. Hormis le fait que l'adhésion massive aux réseaux dépend aussi d'un acte d'adhésion, il apparaît que d'incessantes négociations se trament entre utilisateurs et tenants des réseaux pour négocier cette limite privé-public, dans de continuels marchandages ou remaniements. Le sociologue Manuel Castells, auteur d'une somme sur *L'Ère de l'information*[1], a, le premier, repéré cette possibilité émergente de contre-pouvoirs face à ceux qu'il désigne du nom de « maîtres de l'espace des flux de communication ». Quand nous l'avions rencontré pour notre enquête sur *Humain* en 2012, alors que le Web prenait son essor, il nous expliquait combien, même au sein de la virtualité régnante, des rapports de force bien concrets se jouent, sans certitude *a priori* sur leur issue. Selon lui, « *l'espace des flux est un espace de domination mais qui peut inclure, être envahi par des mouvements*

1. Manuel Castells, *L'Ère de l'information. La société en réseaux*, Fayard, 1998.

de contre-domination, des espaces de résistance et de transformation des intérêts sociaux ».

Les récepteurs que nous sommes acquièrent une forme d'autonomie relative, qui leur permet, s'ils le veulent, d'agir à leur tour. En reprenant l'exemple de cette frontière qui sépare vie privée et vie exposée sur les réseaux, le sociologue Antonio Casilli refuse avec subtilité l'hypothèse, trop simpliste, de la fin de la vie privée sur le Web social, mettant plutôt en avant le modèle d'une « *privacy* en tant que négociation ». Il qualifie même de « *guerre culturelle ce qui se joue autour des paramètres de confidentialité, des conditions d'usage et des algorithmes des services de networking*[1] ». Entre totalement cachés et totalement transparents, les utilisateurs font sensiblement évoluer, à leur profit, les notions d'intimité et de transparence, au gré de leurs besoins alternés de retrait ou de visibilité sociale, de reconnaissance recherchée pour gérer leurs liens et leur capital social en ligne. Une tension s'organise entre sacrifice d'une partie de sa vie privée pour se faire connaître et revendications parallèles de garanties et de protection des données sensibles par un contrôle accru des paramètres de confidentialité (adresse, date de naissance, orientation sexuelle, affiliation politique, etc.). Ce marchandage se pratique notamment par pétitions ou groupes de discussion, qui régulent la limite mouvante entre ce qui est accepté et refusé. Cet exemple démontre qu'il demeure possible d'augmenter les

1. Antonio A. Casilli, « Contre l'hypothèse de la “fin de la vie privée”, la négociation de la *privacy* dans les médias sociaux », *Revue française des sciences de l'information et de la communication*, n° 3, 2013.

marges de manœuvre, les possibilités de négociations de compromis.

Dans cette interface dynamique, les rapports de pouvoir se rééquilibrent différemment et redéfinissent les limites, dans un souci d'optimisation pour les parties en présence.

Face à l'illimité d'une absolue dérégulation plus fantasmée que réelle, la limite n'est plus une ligne-frontière devant laquelle il faut se soumettre, elle devient zone de négociation où se joue la mise en place sans cesse renouvelée de ce qui est acquis ou à acquérir, exclu ou admis, permis ou interdit.

9. La limite interdit et protège

Il faut faire l'éloge de l'interdit. Nous avons tant pris l'habitude de croire que « vivre sans temps mort et jouir sans entraves » était un but suprême, le pli s'est tellement pris de juger que « sans tabou » tout est mieux, et de considérer les interdits comme arbitraires, conventionnels, voire absurdes... que nous avons fini par oublier complètement combien la limite – celle qui dit non, exclut, et ne transige pas – possède une indispensable fonction de structuration.

En séparant permis et interdit, licite et illicite, faisable et infaisable, la limite interdictrice organise le monde. Elle élabore la vie, les pensées et les gestes. Elle aménage selon sa règle la sexualité, l'alimentation, l'hygiène, les travaux et les jours, les relations entre sexes, entre puissants et démunis, parents et enfants, gens du soi et gens de l'autre...

Il va de soi que certains de ces interdits peuvent paraître tout à fait irrationnels, incongrus, sans fondement, relevant d'une superstition. Pythagore et ses disciples préféraient mourir que de manger des fèves, ne devaient surtout pas poser le pied gauche en premier en se levant, ni mettre un couteau dans le feu, ni ramasser, en aucun cas, ce qui était tombé sur le sol. Il en va de même des interdits alimentaires, si fréquents dans toutes les cultures et les religions, qui peuvent apparaître, aux yeux de certains, comme déroutants.

Faire l'éloge de l'interdit ne consiste pas à juger que ces innombrables exclusions ont nécessairement des contenus fondés et des légitimations cohérentes. Il s'agit plutôt de constater que la séparation qui en découle se révèle indispensable parce que structurante.

L'humain est omnivore non parce qu'il mange effectivement de « tout », mais parce qu'il ne peut faire autrement que de s'interdire certains aliments *pour pouvoir* ingérer tous les autres. Ceux qui proclament vivre sans tabou alimentaire aucun, et croient avaler tout ce qui peut l'être, ne mangent généralement ni de la chair humaine ni des excréments.

Voilà en quel sens il faut d'abord rappeler la nécessité – première, absolue – de l'interdit comme limite qui, en bordant le monde, lui permet d'exister. La maxime « Tout n'est pas permis » est la condition première pour qu'un système fonctionne – qu'il s'agisse des relations de parenté, des fondements de la morale, des règles de la vie commune. Et, par exemple, tout simplement du Code de la route.

Il est formellement interdit de rouler à gauche dans tous les pays, largement majoritaires dans le monde, où la circulation se fait sur la partie droite de la chaussée. Cet interdit est parfaitement arbitraire, en ce qui concerne le côté choisi (certains codes ont fait le choix inverse), mais il est impérativement nécessaire pour qu'une circulation puisse avoir lieu sans collisions immédiates.

Il n'y a donc de circulation possible pour chacun qu'à cette condition commune : l'interdit partagé de rouler à gauche, s'imposant uniformément à tous, appliqué sans exception. Même l'esprit le plus farouchement libertaire ne peut nier cette nécessité, et mettra facilement de côté la blessure occasionnée par cette obligation à la souveraineté de ses caprices. Personne ne se lamentera de l'outrage qu'il subit de ne pouvoir choisir, à chaque instant, le côté de la chaussée où il préfère rouler.

Certes, tous les interdits ne sont pas si simples, ni si clairement utilitaires. Il n'en reste pas moins que ce même type de dispositif peut se repérer dans leur existence et leur fonctionnement. Dans pratiquement tous les cas, la limite exclut pour permettre, interdit afin de sauvegarder.

Contre quoi protège-t-elle ? Un possible chaos, une violence sans règle, un arbitraire sans mesure. En fin de compte, c'est toujours autour de cette thématique que tournent toutes les réponses, très nombreuses selon les registres envisagés. L'interdit de l'inceste protège les enfants et la hiérarchie des générations, l'interdit du viol protège l'intégrité physique et psychique, l'interdit du meurtre protège la vie. Les interdits les plus fondamentaux concernent les violences faites au corps comme à l'esprit, les actes, indignes, qui blessent, mutilent, offensent, dégradent, humilient.

« Ça ne se fait pas » – telle est la maxime de la limite interdictrice. On aurait grandement tort de n'en retenir que l'aspect conventionnel et utilitaire. Certes, on peut soutenir que « ça ne se fait pas » parce que ce n'est pas l'usage, pas l'habitude, parce que les mœurs, ici, s'organisent autrement. Ou encore « ça ne se fait pas » parce qu'il est profitable pour tous que cette action n'ait pas lieu, et que chacun en tire avantage. Pourtant ces justifications, sans être fausses, ne sauraient suffire.

Dira-t-on que tuer « ne se fait pas » uniquement parce que la vie, sans meurtre, est plus tranquille et confortable ? Peut-on légitimer les grands interdits fondateurs au nom de la commodité et d'elle seule ?

Ce qui « ne se fait pas » relève aussi et surtout des impératifs exigeants de la dignité humaine, de la morale, et des ajustements au cas par cas de l'éthique – bien plus radicalement que des convenances. La limite est alors destinée à sauvegarder l'humanité de l'humain. Rien de moins…

« *Un homme, ça s'empêche. Voilà ce qu'est un homme, ou sinon…* » dit Cordery, dans le roman posthume d'Albert Camus, *Le Premier Homme*. Dans ce manuscrit auquel Camus travaillait quand il est mort, d'un accident de voiture, en 1960, ce personnage incarne son père. Il raconte sa guerre, dans les Aurès, en Algérie, et sa découverte, un matin, d'un de ses camarades, tué par des rebelles, mais aussi mutilé, abandonné dans une mise en scène atrocement obscène.

Ce qui « ne se fait pas », pour Cordery, ce n'est pas la guerre, ni la mise à mort des ennemis. C'est le surcroît d'horreur, la démesure. Voilà ce qui est proprement interdit. Par quelque chose dans l'humain de plus fondateur que les lois de la guerre, de la Cité, des systèmes juridiques nationaux ou internationaux. Quand la colère l'étreint, quand l'envahit le désir de mutiler le cadavre de son ennemi... « un homme, ça s'empêche ». C'est par le refus qu'il s'oppose à lui-même, par cette limite qu'il impose à ses impulsions sans frein qu'un humain reste humain, ou le devient.

« Ou sinon... » quoi ? Nul ne sait, c'est sans nom, sans description. Inqualifiable. Tout tient, en fait, dans ces points de suspension. Ils semblent vouloir dire que si l'interdit ne protège plus, si la limite est brutalement franchie, alors on bascule dans un non-monde – sans valeurs ni langage, déshumanisé et déshumanisant – dont il n'y a rien de possible à dire, en fin de compte, parce qu'il se tient ailleurs, hors des mots, hors du pensable.

Il est très difficile de savoir clairement où situer au juste cette frontière entre humain et inhumain. Chercher en détail de quoi exactement il faut que chacun « s'empêche » – dans quelles circonstances et pourquoi –, c'est entrer dans tous les débats possibles et imaginables sur le bien et le mal, les fondements de la morale, la tolérance et l'intolérable... Bornons-nous à quelques remarques.

Sur l'origine et les fondements des limites fondatrices, les discours sont à l'évidence innombrables, mais seules trois options fondamentales se partagent l'horizon des possibles : Dieu, la raison et le cœur. La loi morale est soit un décret divin, soit une norme de la raison humaine, soit elle s'éprouve par les sentiments et relève de l'affectivité. Voilà qui est très schématique, mais somme toute sans difficulté.

En revanche, dès qu'on demande comment peuvent coexister des systèmes d'interdits distincts, voire opposés sur des points cruciaux, la question se complique. Tout serait simple – relativement – si les cultures, religions et spiritualités partageaient exactement les mêmes valeurs, les mêmes refus, les mêmes divisions fondatrices. Ce n'est pas le cas, loin de là. Et les divergences ne portent pas que sur des détails.

La tolérance, qui module la désignation des limites, se confronte alors à ce dilemme : trouver comment faire coexister des visions du monde incompatibles, sans que personne doive renoncer intégralement à sa conception et sans que tous s'entretuent. Pour y parvenir, il faut tracer les limites communes de l'intolérable refusé par tous – tâche parfois difficile – et définir, au cas par cas, les ajustements de leur mise en application – mise au point permanente. La singularité de la tolérance consiste donc à organiser, entre des systèmes d'interdits et de protection distincts, l'instauration de compromis, instables et destinés à évoluer.

On se retrouve ainsi face au double jeu de principes – immuables, par nature – et de l'application des principes, par définition. Ce qu'on retrouve aussi, par exemple, dans le travail des comités d'éthique, qui confrontent des principes existants (et parfois divergents...) à des situations nouvelles, des possibilités inédites ouvertes par l'innovation technique et la recherche médicale. Congeler des ovocytes, conserver des embryons, féconder une femme avec le sperme de son mari disparu, et cent autres pratiques naguère inimaginables sont à présent faisables. Faut-il le faire ? l'empêcher ? nuancer ? Au nom de quoi ? En lésant qui, en protégeant qui ? Le tracé du permis et de l'interdit, donc des limites, se transforme en concertations, discussions, réflexions, concessions...

Même jeu de modulation entre principes fixes et seuils d'application variables, dans ce qu'on peut nommer les « révolutions morales ». Ce qui était depuis longtemps permis, et même jugé honorable et valeureux, se retrouve soudainement déshonorant, indigne, moralement interdit. Le philosophe Anthony Kwame Appiah[1] a choisi d'étudier trois exemples distincts de ce type de basculements en analysant, tour à tour, la disparition du duel dans l'Angleterre de la fin du XVIIIe siècle, l'abandon de la pratique des pieds bandés au Japon et l'abolition de l'esclavage au XIXe siècle.

Dans chaque cas, un renversement rapide se produit, qui rend déshonorant ce qui était auparavant acceptable, et même honorable. Cette mutation brusque résulte sans doute de « transformations silencieuses » travaillant longtemps une époque et ses consciences avant d'émerger visiblement. En effet, il ne se produit rien de décisif permettant d'expliquer le renversement. Les arguments contre le duel, les pieds bandés et l'esclavage sont connus, diffusés, discutés bien avant que chaque révolution morale qui les abolit éclate.

Sans doute faudrait-il parler d'un « effet de seuil ». Ce qu'on endurait jusqu'alors devient intolérable. La limite est dépassée, et tout s'inverse. On aura reconnu, parmi les faits marquants de l'époque, un processus identique dans le mouvement #MeToo. Des femmes décident de ne plus jamais subir en silence une violence masculine, une domination sûre d'elle-même qui se croyait légitime, des humiliations sexuelles ou des abus de pouvoir. Elles parlent. D'autres s'expriment à leur tour. Alors, très vite bouge, et s'inscrit autrement, la limite qui interdit et protège. Et l'horizon se reconfigure.

1. Anthony Kwame Appiah, *Le Code d'honneur. Comment adviennent les révolutions morales*, Gallimard, 2012.

10. La limite est un horizon, elle inclut l'infini

> « La même démarche me fait chercher le bruit caché dans le silence, le mouvement dans l'immobilité, la vie dans l'inanimé, l'infini dans le fini[1]... »
>
> Joan Miró

Chacun a déjà fait, souvent, l'expérience de l'horizon. Sur une plage, en pleine mer, en rase campagne, la ligne lointaine départage et unit ciel et terre, tantôt nette et claire, tantôt à peine distincte, imaginée plus que perçue.

Chacun l'a vue mille fois, sans prendre conscience de son étrangeté, sauf par bribes. L'horizon paraît banal, familier. Pourtant, c'est une énigme qui enseigne, au sujet de la limite, plus qu'on pense.

Lointain, il semble inaccessible et proche. Tour à tour, ou tout à la fois. Hésitant entre présence et absence, là et pas là, creusant et ouvrant l'espace qu'il semble d'abord borner, l'horizon, qui sans cesse recule au moindre pas, attire, exalte, inquiète, rassure.

Il paraît à portée de main, même si l'on sait qu'il ne peut être rejoint. Son étrangeté est d'ouvrir sans cesse à ce qu'il y a « derrière », « au-delà » de lui, au lieu de clore l'espace et de fermer la perspective. Cet au-delà n'est pas un ailleurs, il réside dans l'horizon lui-même, qui semble contenir son propre dépassement.

Défini, délimité, l'horizon convoque l'infini. Il dessine les bords du monde, à la fois invisibles et présents,

1. Yvon Taillandier, « Je travaille comme un jardinier », entretien avec Joan Miró, *Revue XXe siècle*, février 1959.

interminables et pourtant circonscrits. Ce sont ces bords entraperçus, incertains, toujours désirés, jamais atteints, qui poussent à notre déploiement incessant dans le temps et dans l'espace. Car cet infini de l'horizon n'a rien à voir avec l'illimité, avec l'indéfini. C'est au contraire la limite même qui le maintient présent, ouvert, actif. L'illimité, lui, est sans bords, gouffre sans fond, sans forme, sans distance à parcourir, sans représentation du temps, sans altérité. En ce sens, la mort est de l'illimité. Alors que l'horizon est vie.

Les conséquences de cette intuition, au premier abord, sont paradoxales. Il se peut en effet que l'infini se retrouve « en deçà » de la limite, et non « au-delà », que la limite contienne et abrite ce qui l'excède. La limite-horizon inclurait en elle ce qui la dépasse, en lui donnant forme et sens. Au lieu de mettre un terme et de clore, l'horizon se fait levier, point d'élancement, terme de départ.

C'est ainsi que l'infini se retrouve « sous la garde du fini[1] », sous la garde de la limite. Qu'il soit envisagé comme un au-delà, une transcendance, une abstraction mathématique, qu'il soit de l'ordre de l'émotion esthétique, du sublime, du mystère, l'infini demeure irréductible. Il faut dès lors envisager qu'il ne soit ni une propriété des choses, ni même une caractéristique de l'horizon lui-même, mais bien une dimension de notre regard, une possibilité offerte par notre imaginaire. L'infini serait « en nous », et non « au-dehors ».

Cette présence de l'infini en nous a préoccupé plus d'une fois les philosophes. Descartes évoque l'« idée de l'infini en moi ». Il se demande, dans la troisième de ses

1. John Barrow, *Une brève histoire de l'infini*, Laffont, 2008.

Méditations métaphysiques[1], comment expliquer que les êtres humains, dont la vie est limitée et toutes les sensations bornées, puissent avoir pareille idée de l'infini. Elle ne peut provenir de leurs expériences vécues, puisqu'elle les excède toutes.

Faute de provenir de la terre, cette idée de l'infini nous viendrait donc du ciel. Descartes la relie à l'idée de Dieu, être parfait, qui « *doit nécessairement avoir été mise en moi par un être qui soit en effet plus parfait* ». L'idée de l'infini serait comme l'empreinte de Dieu en nous. Cet horizon de l'infini, inclus dans la limite humaine, a bien, pour le philosophe de l'Âge classique, une origine transcendante. Toutefois, il ne s'agit pour lui principalement que d'une idée, dont l'origine soulève un problème de logique, sans affecter profondément l'ensemble de la pensée.

Passant de l'idée de cette idée de « l'infini en moi » à l'expérience décisive de « l'infini en nous[2] », Emmanuel Levinas change de registre et ouvre une tout autre perspective de pensée dans son livre *Totalité et infini*. Il fait remarquer que « *Descartes cherche une certitude et s'arrête dès le premier changement de niveau dans cette descente vertigineuse... Mais posséder l'idée de l'infini, c'est déjà avoir accueilli Autrui* ». Car l'infini n'est pas *en* moi, mais plus *entre* l'autre et moi. Il se tient d'abord dans la relation à l'autre plutôt que dans l'intériorité d'une conscience solitaire.

Ce changement d'orientation ouvre à la dimension éthique, au fait que l'autre bouleverse mon existence,

1. René Descartes, *Méditations métaphysiques*, Flammarion, coll. « GF », 2009.

2. Emmanuel Levinas, *Totalité et infini*, Livre de poche, 1990.

par tout ce que sa seule présence exige. Pour Levinas, l'infini divin se trouve inclus entre nous, dans une limite-horizon qui constitue une « *exception de la pensée où celle-ci pense plus qu'elle-même, où dans le mouvement même de sa propre pensée, elle est extradée au-delà d'elle-même* ». Cette « exception » enjoint chacun à l'obligation morale, à l'oubli de soi, à sa dépossession dans un souci premier de l'autre.

Encore faut-il souligner combien cet « au-delà » n'est pas un autre espace, un ailleurs, un lieu où la pensée se trouverait emmenée ou projetée. Le dépassement demeure *interne* à la pensée, comme un horizon situé au-dedans. En termes plus abstraits : une transcendance dans l'immanence.

Tout se tiendrait ainsi « dans » la limite, qui cependant ne contiendrait pas la totalité. Cette présence de l'infini serait plutôt à considérer comme une brèche inhérente à la pensée – une blessure native, une vulnérabilité constitutive qui la porte « au-delà » d'elle-même, évitant l'enfermement mortifère dans le solipsisme et l'identité close. Au lieu de rester figée dans le « même », à la manière des choses, la pensée est mise en mouvement par l'altérité. Le trouble provoqué par la présence de l'Autre l'affecte, l'altère de manière infinie, permanente et radicale.

Cet infini en nous implique, dans toute relation humaine, à la fois différenciation et proximité séparée. Le philosophe dénonce ainsi la tentation régnante de l'oubli de l'autre, cette « primauté du Même qui définit toute la philosophie occidentale », laquelle sans cesse « ramène l'Autre au Même ». Pour lui, seules les séparations, délimitations et différenciations nous garantissent de notre propre impérialisme et de ses tentations.

Ces brefs rappels se révèlent d'autant plus urgents que la tentation, aujourd'hui omniprésente, d'effacer les limites prolonge et exacerbe ce culte du Même, avec soi pour seul horizon. Pour en sortir, sans doute faut-il, dans la pensée, considérer autrement cette notion première d'horizon, quitte à en bousculer l'héritage antique.

« Horizon » vient du verbe grec *horizô*. On trouve, parmi ses multiples significations, toutes les opérations que la rationalité européenne a privilégiées : « limiter », « fixer les bornes », « marquer par une frontière », « séparer », « diviser », « délimiter », « définir »... Ce vieux verbe ne parle que de poser une limite, pour soi-même ou pour autrui. Mais, dès lors qu'avec Levinas on envisage la limite habitée par l'infini, alors se dessine un paysage fort différent – « au-delà » des Grecs, ou « en deçà », peu importe – qui configure autrement espace et temps, soi et autre, puissance et vulnérabilité.

Dans ce cas, la limite n'est plus fermeture mais ouverture. Et l'attention ne se porte plus sur ce qui se cache derrière ou dans le simple reflet de l'horizon, mais plutôt sur sa présence en nous, sur cet au-delà intérieur qui déjoue les certitudes trop rapides sur son caractère indépassable. « *Accepter les limites ne bouche pas l'horizon. Cela permet d'aller plus loin sans se perdre*[1]. » Nous y souscrivons.

L'horizon « en nous » devient ainsi figure de la limite qui ferme et ouvre l'espace et le regard, sépare et réunit terre et ciel, fini et infini.

1. Josée Violette, *in* César Botella (dir.), *op. cit.*

Conclusion

Pour une politique des limites

Ce périple au pays des limites s'achève dans quelques pages, mais il ne sera pas clos. Le voyage se poursuivra.

À chacun de le continuer par ses réflexions, décisions, prises de responsabilité.

À tous de confronter choix et convictions, d'inventer des itinéraires imprévus, de négocier des compromis. Ce qu'on nomme « éthique », « politique » et « histoire » n'existent qu'au moyen d'élaborations collectives.

On l'aura compris, la limite est un monde en soi, avec sa géographie, sa cartographie, son agenda et son tempo, sa part d'indétermination, d'incertitude, de flou, ses potentialités, et sa capacité à instaurer comme à défaire les certitudes.

Une précision : à des fins d'explications, nous avons souvent retenu des métaphores spatiales, topographiques ou topologiques, pourtant la limite n'est pas un lieu où l'on demeure. On peut le traverser, se tenir sur ses bords, mais pas s'y installer. C'est un espace de transition, un no man's land où s'élaborent, se mettent en mouvement, se travaillent et se transforment idées, jugements, valeurs, interdits ou protections.

Ce voyage n'aura pas été vain s'il permet de favoriser un autre regard sur l'idée de limite, sur le possible renouvellement de son sens, afin qu'elle soit mieux comprise et acceptée, individuellement et collectivement.

Malgré tout, le but n'est pas de rendre la limite sympathique, confortable, avenante. Pas question de lui donner un goût plus assimilable, comme pour administrer une mauvaise potion à des enfants rétifs.

Nous avons tenté de mettre en relief sa nécessité vitale, sa fonction décisive pour le fonctionnement d'une société, d'une civilisation. Une nécessité à laquelle nous devons nous soumettre, et sacrifier une part de nous-mêmes, pour faire société, pour entrer en relation avec les autres.

La limite appartient au monde adulte, et devrait en être la marque. C'est à ce titre qu'elle devrait être reconnue, réendossée si besoin est, pour sa capacité à dépasser les confrontations binaires, à exercer une fonction de régulation, de rééquilibrage homéostatique.

Nous sommes partis d'un constat : le présent vit une crise des limites, des positions adverses s'y affrontent, et tout le monde croit savoir ce que « limite » veut dire. Nous avons tenté d'introduire quelques troubles dans cette notion, pour la densifier, la complexifier jusque dans ses paradoxes. Avec pour visée principale d'en finir avec les visions simplistes, manichéennes, qui représentent la limite comme essentiellement dérangeante, punitive, fardeau attentatoire à notre liberté. Pour rappeler que les limites signent l'humain, en sont la condition, qu'elles fondent la pensée, permettent la vie.

Peu à peu, un passage s'est frayé, délaissant les évidences apparentes, allant du trop simple au complexe, cheminant d'une situation presque dépourvue de questionnement à un paysage fait d'interrogations multiples. Quittant des attitudes tranchées – dissoudre les limites ou les renforcer –, le trajet suivi a débouché sur une prise de conscience de l'ubiquité de cette notion, et des enjeux décisifs qu'elle rassemble.

L'erreur serait de croire, trop vite, que les limites sont toutes bonnes ou toutes à rejeter. Reconnaître la place centrale de la limite, dénoncer son escamotage, réhabiliter sa prise en compte ne signifie en aucun cas approuver, par principe, tous ses usages, encore moins toutes ses applications concrètes. Cruciale est la limite, discutables sont les limites, selon les contextes et circonstances.

À l'évidence, il existe des limites inutiles, à combattre et à abattre, d'autres à assouplir, d'autres à renforcer, de nouvelles à élaborer, à instaurer. Des persistantes et des caduques. Ce travail incessant de transformation exige d'aiguiser notre « sens des limites », entendu cette fois comme guide pour agir, et non plus comme signification à élucider. Ce que la limite peut vouloir dire a été suffisamment évoqué. Il est temps d'indiquer ce qu'elle peut contribuer à faire.

Car le sens des limites évoque d'abord un éveil de l'invention vivante, une attention aiguë aux changements.

Sens de l'invention

Se défaire des idées toutes faites et toutes prêtes, ne jamais cesser de penser, voilà qui vient en premier. Il faut continuer d'écarter les erreurs symétriques, celle d'anéantir les limites et celle de les figer, et réinventer des limites, les réélaborer, indéfiniment, de manière collective.

Contre l'idée fruste de limites figées, rigides, pesantes, étanches, le sens des limites doit travailler à la mise en place de limites variables, mobiles, concertées, filtrantes. Quitte à ajuster sans cesse.

L'illustration la plus élémentaire et la plus concrète de cette modulation permanente pourrait se trouver dans ces poteaux pourvus de sangles rétractables, en usage dans les aéroports et les musées pour guider les voyageurs et contenir les files d'attente. Voilà des limites qui se font et se défont, selon les heures, les guichets disponibles, l'affluence – parfois bien adaptées, parfois en décalage et dysharmonie. Personne ne songe à les juger invivables ou sublimes – elles sont simplement ajustables et fonctionnelles.

À l'évidence, toutes les limites ne sont pas si banalement utilitaires. Pourtant, si certaines limites fondatrices demeurent impératives, insuppressibles, inflexibles, d'autres se révèlent modulables et agençables. Et pas pour des raisons de circonstances, mais bien pour des motifs métaphysiques et anthropologiques. Parce que « sens des limites » veut dire aussi « sens de l'humain ».

Sens de l'humain

Le vivant humain est voué aux limites. Son destin tourne autour d'elles : les inventer et les tracer, les transgresser ou les respecter, les modifier ou les déplacer. Mais pourquoi ? Parce qu'il n'en a aucune, et ne peut vivre sans.

De fait, aucune limite n'est prescrite à l'humain par un instinct, un comportement génétiquement programmé auquel il ne pourrait échapper. Jamais il ne rencontre de limite à respecter de manière absolue et impérative qui soit inscrite dans sa nature propre ou dans la nature en général. La nature humaine n'a pas de contenu déterminé, et la nature physique ne dicte rien.

Pourtant, l'humain ne saurait se passer de limites. Pour organiser sa survie, son autonomie psychique, sa pensée, son langage, ses relations aux autres, sa vie sociale… elles lui sont indispensables. Elles sont vitales, à proprement parler, bien avant d'être jugées bonnes ou mauvaises, émancipatrices ou asservissantes.

Ainsi, dépourvu de limites qui lui seraient données, inscrites en lui ou s'imposant du dehors, mais impérativement tenu d'en forger pour exister, le vivant humain se trouve effectivement voué à la création de limites. En ce sens, il mérite d'être défini comme l'« être des limites[1] », pour reprendre l'expression du philosophe allemand contemporain Bernhard Waldenfels.

Instaurant des limites pour n'être pas fou, muet, tué ou écrasé de servitude, pour ne pas sombrer dans l'inhumain, mais ne sachant sur quoi les fonder, le vivant humain est responsable des limites qu'il pose, impose aux autres ou s'impose à lui-même, tout autant que de celles qu'il déplace, dépasse ou transgresse. Repenser et réévaluer les limites implique de réendosser la responsabilité de nos choix, qu'ils soient philosophiques, éthiques ou politiques.

1. Bernhard Waldenfels, « L'homme comme être des limites », *Revue de théologie et de philosophie*, vol. 137, n° 4, p. 297-310.

Sens de la responsabilité

C'est la responsabilité première d'instaurer des limites qui doit d'abord être réendossée. Contre la propension à les annuler, à les transir par indifférence, il faut commencer par reconnaître que l'absence de limites est impossible. Après, seulement, commencent les discussions sur leur contenu, leur pertinence ou leur degré de nécessité. Faire le tri entre les limites à supprimer et à conserver est important. Les annuler toutes est exclu. Ce n'est pas une option.

Parce que l'humain, il faut le redire, est fait de limites, créées par lui, transmises ou contestées par lui, mais radicalement impossibles à supprimer dans leur principe, comme dans leur totalité.

Accepter le « sans-limites », c'est accepter l'inhumain. Voilà qui est indiqué, on ne peut plus clairement, par cette conviction traversant les siècles : au-delà des bornes fixées, la perte de contrôle guette. Si le sens des limites s'oublie ou se perd, la catastrophe est assurée. C'est ce que montrent les héros d'Homère quand, ivres de sang et de tueries, ils continuent de transpercer des cadavres. C'est ce que suggère Épictète en écrivant qu'« *une fois qu'on a passé la mesure, il n'y a plus aucune limite* ». Si disparaît tout cran d'arrêt, violence et destruction ne s'arrêtent pas. Elles aveuglent, elles emportent. Leurs flots sans digues submergent.

Poser une limite garantit la possibilité de l'humain. Et cette responsabilité individuelle est aussi collective. Elle a longtemps porté le nom de « civilisation ». Il ne s'agit pas des « cultures » et de leur diversité, ni d'aucune civilisation en particulier. « La » civilisation, à partir des Lumières, désignait un processus – lent, mais constant et universel – de polissage de l'humanité, qui était censée abandonner, peu à peu, la rudesse pour adopter des mœurs pacifiées, l'ignorance pour acquérir des savoirs, les rapports de force pour se fier aux institutions...

Cette inclusion progressive des humains dans une socialisation plus fine, plus élaborée, implique une omniprésence des limites. La civilisation les précise, les multiplie, les applique. Elle châtie leurs transgressions et prévoit comment peuvent se négocier leurs éventuelles modifications. Un des signes de la crise actuelle des limites est la désuétude où l'idée de civilisation est tombée. Soit on ne sait plus ce qu'elle veut dire, soit on l'accuse d'être le masque de toutes les vilenies possibles, le faux nez de la colonisation, de l'esclavagisme, de l'impérialisme, de la domination occidentale...

Derrière ces querelles d'aujourd'hui, il y a bien sûr des volontés vertueuses, qui cherchent à défendre un droit légitime des « autres » à exister. Mais ces justiciers militants oublient que le sens des limites, précisément, est avant tout un sens des autres. Sans elles, ils ne sont plus.

Sens des autres

La séparation des vies est au principe de leur possibilité d'union. La condition d'existence de l'autre est d'être distinct de moi (et réciproquement : je n'existe qu'à la condition d'être distinct de l'autre). La limite qui nous disjoint rend possible de nous rejoindre. Il devrait être inutile de rappeler de si élémentaires axiomes, sans lesquels aucune relation aux autres ne serait pensable – faute de soi, faute d'autre, faute de relation...

S'il faut le faire, ce qui n'a rien de rassurant, c'est bien que la confusion monte, s'étend, gagne les principes. C'est l'éthique qui se trouve en péril, dans son fondement même, si on perd le sens des limites. Parce que l'éthique est avant tout le « souci des autres », de leur singularité, de leur existence autonome. Elle exige d'ajuster constamment la bonne distance entre nous, ni trop près ni trop loin. Ces relations peuvent être vivement hostiles, froidement respectueuses, chaleureusement fraternelles... En aucun cas elles ne peuvent devenir fusionnelles et indifférenciées, parce que alors elles disparaissent.

Poser des limites est la condition *sine qua non* de l'éthique. Et pas seulement de manière principielle, pour que soi et les autres existent, mais pour que nous puissions interagir et coexister sans nous entredétruire. Limites à respecter du corps des autres : ne pas nuire, ne pas blesser, ne pas violer ni violenter... Limites à respecter de l'âme des autres : ne pas humilier, ne pas traumatiser, ne pas endoctriner... Limites à respecter de nos libertés réciproques. Chaque fois, dans ces registres, il s'agit de faire émerger des limites – non de les éradiquer. Leur suppression est mauvais signe. Elle ouvre la voie à l'inverse de la civilisation et de l'éthique : la destruction des autres, la négation de toute altérité. Ce qui se nomme aussi « barbarie » et « inhumanité ».

Et « intolérance ». Car on se trompe encore en croyant que la tolérance consiste uniquement à défaire les limites. Bien entendu, on peut et doit abolir des censures, laisser dire, laisser faire. Mais à la condition, impérative, que des limites soient posées. « *Pour être tolérant, il faut fixer les limites de l'intolérable* », soulignait l'écrivain Umberto Eco[1]. Sans limites, pas d'autre, pas d'éthique, pas de tolérance.

Toutefois, jamais une personne isolée ne trace ces limites, ne les transforme, harmonise ou entrelace toute seule. Ce travail est collectif. Le sens des limites est sens du politique.

Sens du politique

De fait, une pensée des limites serait insuffisante si elle n'aboutissait pas à l'élaboration d'une politique des limites.

Élaborer « tous ensemble » les limites qui concernent tout le monde semble indispensable. Mais il est clair également qu'ici rien n'est simple. Parce que, dans la pratique, « tous ensemble » ne signifie pas grand-chose – faute de pouvoir réunir des millions d'individus, faute de pouvoir les informer et les consulter identiquement, faute de savoir sur quelles limites porteraient ces consultations massives, et à quelle fréquence elles devraient avoir lieu.

La difficulté est même bien pire. Car le principal obstacle n'est pas l'impossibilité d'une démocratie directe permanente. C'est plutôt la discordance des limites, les conflits qui règnent entre elles. Tout serait presque simple s'il suffisait d'organiser des processus, même

1. Roger-Pol Droit, *La Compagnie des contemporains*, Odile Jacob, 2002.

compliqués, de décisions collectives portant sur des choix simples par eux-mêmes. Or ce n'est pas le cas.

Les dilemmes les plus complexes soulevés par les limites ne proviennent pas des affrontements entre partisans et adversaires de telle ou telle limite, mais avant tout de l'antagonisme entre plusieurs limites qui ne s'ajustent pas. Par exemple entre sécurité et liberté, entre liberté religieuse et laïcité, entre protection sanitaire et autonomie – pour ne citer que les exemples les plus évidents de l'actualité. Chacune de ces tensions entre limites différentes se décline à son tour en une multitude de tumultes locaux et de prises de position contradictoires – selon les situations concrètes, les groupes sociaux en présence, les rapports de force, etc.

Avoir le sens des limites ne revient pas à aplanir ces tensions. Ni à vouloir les exacerber. Il s'agit de chercher les ajustements acceptables, en les diversifiant, en les adaptant aux circonstances, aux cas singuliers. Sortir de la négligence envers les limites aussi bien que de la crispation idéologique et autoritaire suppose de retrouver le sens du politique.

Le désintérêt, la désaffection, le mépris croissant dont fait l'objet la dimension politique du monde sont profondément liés à l'indifférence envers les limites. En retrouver le sens, c'est aussi, pour une part, réinventer, et réendosser le sens du politique. Tout simplement parce que cette sphère est celle où les limites se tissent, se trament, se confrontent, se négocient et s'arbitrent. Non sans tâtonnements. Non sans erreurs. Mais obstinément.

Bien entendu, il ne s'agit nullement d'abandonner le tracé des limites aux seuls hommes et femmes politiques, mais bien de réinvestir le champ des débats publics et des décisions communes, à tous les niveaux, avec en tête le projet d'accompagner l'élaboration collective de limites nécessaires. Se remobiliser pour redéfinir les limites qu'il est urgent d'élaborer.

Cas par cas et inachèvement

Cette politique des limites, pour se développer, doit se fonder sur une intelligence des singularités. Pas de sens des limites sans prise en compte des cas particuliers, sans souci des exceptions. Les limites doivent se discerner et se construire au cas par cas, situation par situation, même et surtout quand les problèmes sont globaux et les menaces planétaires.

Une casuistique, donc, créatrice et pragmatique – plutôt qu'une dogmatique stérile et idéologique. Cette coconstruction de limites est une tâche collective, on l'a dit, mais aussi sans fin, il faut y insister.

Ultime précision : ce plaidoyer en faveur de limites bien comprises, conçues à la fois comme butoirs et comme points de levier, ne doit jamais s'entendre comme un renoncement à la possibilité de leur dépassement. Bien au contraire, il devrait le favoriser, il souhaiterait y inciter.

Si l'élaboration de cet essai nous avait enseigné une seule chose à partager, ce serait celle-ci : oui, même si les limites sont multiples, subtiles, sujettes à malentendus, elles sont rigoureusement indispensables, doivent être prises en compte, et demeurent à reprendre, à prolonger ou à réinscrire, toujours inachevées. À l'infini.

Remerciements

Nous souhaitons remercier vivement Muriel Beyer pour l'accueil chaleureux qu'elle a réservé à ce projet qui nous tenait à cœur. Notre gratitude va aussi à toute l'équipe des Éditions de l'Observatoire, notamment à Emmanuel Clerc et César Perpignaà pour leur bienveillance attentive, ainsi qu'à Jeanne de Saint-Hilaire.

Table

Introduction : Crise et déclenchement 9
Expérience 10
Une impossible science des limites 12
« La » question d'aujourd'hui 14

PREMIÈRE PARTIE
POURQUOI NOUS SOMMES DANS L'IMPASSE

Avis de turbulence 21

Chapitre 1. La tentation de l'effacement 23
La fusion humains-machines 25
Effacer les limites du corps 26
Effacer les limites des espèces 28
Embrasser les arbres, nos frères 31
Un seul grand Tout… 33
En finir avec les limites entre les sexes 36
Effacer les limites du profit 39
Estomper les limites du travail 40
Effacer la limite ultime de la mort 44

Chapitre 2. La tentation du durcissement 47

Réaction populiste 47

Homo ecologicus 52

La dictature du limitariat 55

Et bientôt tout sera effondré… 57

Chapitre 3. Anatomie d'une impasse 61

DEUXIÈME PARTIE

CE QUE LIMITE A VOULU DIRE

Labyrinthe ? 73

Séparations internes 76

Façons de parler, manières de vivre 78

Chez les Romains 82

Chez les Grecs 86

Bornes et limites selon Fenouillard, Épictète et Kant 88

Et les marges ? 91

Je t'aime moi non plus 92

TROISIÈME PARTIE

UNE VALSE OCCIDENTALE À TROIS TEMPS

Chapitre 1. Le respect antique 101

Ce que veut dire *hubris* 101

La conquête de la mesure 104

La place de la nature 109

L'effroi du large 112
Le partage Grecs-Barbares 114
La nouvelle limite chrétienne 116

Chapitre 2. Le dépassement moderne 119
L'appel du large 120
Révolution dans les étoiles 121
Le sens de la déflagration 124
La mécanique du progrès 127
Propriété, liberté, identité 132
Facettes de l'individualisme 134
Emballement, transgression, jusqu'où ? 137
Changement de représentation, quelle date ? 139
De Sade à Foucault 141

Chapitre 3. L'effacement contemporain 145
L'assèchement du large 146
Première hypothèse : un désir en excès 148
Seconde hypothèse : un désir en panne 151
Le sentiment océanique 153
Le rêve indien 157
Un air de famille 159
Celui qui dit non 161
Frères ennemis, stratégie commune 163
Les autres disparaissent 164
Place au Bien 165
Question de sens 167

Quatrième partie
Dix variations sur la limite

1. La limite sépare et unit 177
2. La limite permet la pensée 184
3. Toute limite est « limite de » 188
4. La limite n'est pas une ligne mais un espace 194
5. La limite est un filtre 197
6. La limite est à la fois déterminée et indéterminée 199
7. La limite est dans le temps, continue et discontinue 203
8. La limite est négociation 209
9. La limite interdit et protège 212
10. La limite est un horizon, elle inclut l'infini 219

Conclusion : Pour une politique des limites 225
Sens de l'invention 227
Sens de l'humain 228
Sens de la responsabilité 230
Sens des autres 231
Sens du politique 233
Cas par cas et inachèvement 235

Remerciements 237

De Roger-Pol Droit *(suite)*

Expériences

101 expériences de philosophie quotidienne, Odile Jacob, 2001 (prix de l'essai France Télévisions).
Dernières nouvelles des choses, Odile Jacob, 2003.
Petites expériences de philosophie entre amis, Plon, 2012.
Si je n'avais plus qu'une heure à vivre, Odile Jacob, 2014.
Comment marchent les philosophes, Paulsen, 2016.
Esprit d'enfance, Odile Jacob, 2016.
Et si Platon revenait..., Albin Michel, 2018 ; Albin Michel, coll. « Espaces libres », 2020.

Fictions

Un si léger cauchemar, Flammarion, 2007.
Monsieur, je ne vous aime point. Voltaire et Rousseau, une amitié impossible, Albin Michel, 2019 (prix Montesquieu).

Composition et mise en pages
Nord Compo à Villeneuve-d'Ascq

Imprimé en France
par la Nouvelle Imprimerie Laballery
rue Louis Blériot 58500 Clamecy
mars 2021 - N° 103405

La Nouvelle Imprimerie Laballery est titulaire de la marque Imprim'Vert®

Hausgemacht

Saftig

av BUCH

Hausgemacht

Saftig

Andreas Sederl / René Harather

SÄFTE, SIRUPE & CO

selbstgemacht

av BUCH

„100 % Frucht = 100 % Saft!"
So lautet unser Motto beim
Fruchtsaftmachen und auch
für unser gemeinsames Buch.

Inhalt

Vorwort 6
Saftiges und Wissenswertes 8
Einmaleins der Saft- und Sirupherstellung 14
Grundrezepte 20

Kern- und Steinobst . . . 28

Naturtrüber Apfelsaft aus 3 Sorten . . . 30
Naturtrüber Birnensaft 32
Kirschsaft 33
Pflaumensaft 34
Kornelkirschensirup 37
Pfirsichnektar 38
Marillensirup (Aprikosensirup) 41
Nektarinennektar 42

Beerenobst 44

Traubensaft 47
Omas Hagebuttensaft 48
Johannisbeersirup 49
Erdbeersirup 50
Granatapfelsirup 53
Stachelbeersirup 54
Preiselbeersirup 55
Heidelbeersirup 56
Schwarzer Holunderbeersirup 59

Gemüse und Kräuter . . . 60

Rote-Rüben-(Bete-)Saft 62
Rhabarbersaft 64
Holunderblütensirup 65
Tomatensaft 66
Lavendelsaft 69
Paprikasaft 70
Gurkensaft 71
Omas Zitronenmelissensaft 73

Mischungen 74

Apfel-Karotten-Saft 76
Apfel-Sauerkirschen-Saft 78
Orangenschaum-Limonade 78
Orangen-Grapefruit-Limetten-Sirup 79
Himbeer-Zitronen-Sirup 79
Harry's Mix 80
Energiesaft mit Ingwer und Sellerie 83
Petersiliendrink 83
Apfel-Rote-Rüben-(Bete-)Saft 84
Apfel-Himbeer-Saft 85
Apfel-Pfirsich-Grapefruit-Saft 85
Operator's Smoothie 86
Karotten-Basilikum-Mix 89
Sporty 90
Tropical Fantasy 93

Rezepte von A bis Z 94

Verwendete Literatur 96
Impressum 96

Vorwort

Liebe Leserin, lieber Leser!

Manche von Ihnen werden sich vielleicht noch erinnern: Es gab eine Zeit, da standen hausgemachte Säfte nach alten überlieferten Rezepturen immer und selbstverständlich als köstliches Erfrischungsgetränk zur Verfügung. Lassen Sie uns gemeinsam eine Reise in die Vergangenheit unternehmen. Unser Fahrplan ist das vorliegende Buch, in dem wir nicht nur die vielfältigen Methoden der Saftgewinnung vorstellen, sondern auch einen Überblick über den Variantenreichtum dieser Köstlichkeiten präsentieren.

Gönnen Sie sich dieses Abenteuer abseits von bekannten, oft geschönten und nur scheinbar gesunden Supermarktprodukten und machen Sie Bekanntschaft mit der großen Welt der 100 %-Fruchtsäfte, Sirupe und Gemüsesäfte. Entdecken Sie mit uns gemeinsam spannende und nicht alltägliche Saftkombinationen. Lernen Sie die Merkmale von Limonade, Nektar, Smoothie & Co kennen.

Uns hat die Mannigfaltigkeit der Säfte und Sirupe so fasziniert, dass wir bei „Mohr-Sederl" vor mehr als zwei Jahrzehnten beschlossen, die Tradition hausgemachter Säfte zu professionalisieren, um sie einem breiteren Publikum zugänglich zu machen. Heute stellen wir neun 100 %-Fruchtsäfte und vier Biofruchtsäfte her, für die wir ausschließlich Grundprodukte nach den strengen gesetzlichen Vorgaben weiterverarbeiten.

Lassen Sie sich inspirieren und probieren Sie die Herstellung von Säften und Sirupen einmal selbst aus. Außer ein wenig Vorwissen, das wir Ihnen in diesem Buch mit auf Ihre Entdeckungstour geben, benötigen Sie lediglich Freude am Kochen und Lust am Experimentieren. Die vorgestellten Rezepte bieten einen Querschnitt von Klassikern wie naturtrübem Apfelsaft bis zu Tipps für exotische Mischungen.

In diesem Sinne wünschen wir Ihnen viel Spaß beim Lesen, beim Nachkochen und schließlich beim Genießen Ihrer eigenen Saftkreationen!

Sederl Andreas

im Februar 2011

Saftiges UND WISSENSWERTES

Die ersten Fruchtsäfte sind wohl als Zufallsprodukt entstanden. Beeren, Trauben – und Menschen, die sie sammelten – gab es schon in der Steinzeit. Wo immer Traubensaft wilder Weinreben gewonnen und – wenn auch nur relativ kurz – in einem Gefäß aufbewahrt wurde, begann dieser sich durch die Gärung in Wein zu verwandeln. Der Übergang von der wilden zur kultivierten Weinrebe dürfte in der Jungsteinzeit stattgefunden haben (etwa 5 000 v. Chr.). Im antiken Rom gehörte der vergorene Traubensaft längst zum verbreiteten hochkulturellen Standard.

Im karolingischen „Capitulare de villis“, einer um 812 n. Chr. entstandenen Landgüterverordnung Karls des Großen, sind zahlreiche Nutzpflanzen und Obstbäume beschrieben, die in den kaiserlichen Gütern von Verwaltern angebaut werden sollten. Neben Pfirsich, Quitte, Pflaume, Süß- und Sauerkirsche und einigen Birnensorten („süßere und mehr zum Kochen geeignet und Spätbirnen") finden sich mehrere Apfelsorten wie „Gosmaringer, Geroldinger, Krevedellen und Speieräpfel, süße und saure, durchweg Daueräpfel; ferner solche, die man bald verbrauchen muss; Frühäpfel". Wie diese Sorten und die allenfalls daraus hergestellten Säfte geschmeckt haben, lässt sich heute nicht mehr nachvollziehen, denn die am weitesten zurückverfolgbaren Sorten stammen aus dem 18. Jahrhundert.

Ab dem Mittelalter war es in erster Linie den Klöstern zu verdanken, dass sich die Obstbaumzucht nach und nach verbreitete. Die Zisterzienser unterhielten in ihren Niederlassungen regelrechte Baumschulen. Die Süßkirsche beispielsweise geht wiederum auf die Römer zurück (Lukullus), die Germanen kannten lediglich die Wildkirsche. Auch die Verbreitung der Kirsche im Süden Deutschlands ist in der Folge auf klösterliche Vermittlung zurückzuführen.

Die eigentliche Zeit des deutschen Obstbaus begann allerdings erst im 19. Jahrhundert und war eine Folge der Krise des Weinbaus seit den 1790er-Jahren. Seit damals standen Obstbäume nicht mehr nur vereinzelt in den Rebflächen, sondern unrentable Weinberge wurden nach und nach konsequent damit bepflanzt. Im Gegensatz zu vielen Beeren, die man im Wald finden konnte (die Walderdbeere zählte zu den wichtigsten Beeren des „kleinen Mannes"!), waren Kulturbeeren wie Johannis- oder Stachelbeere im Spätmittelalter noch unbekannt. Ab dem 17. Jahrhundert verdrängte die aus der Neuen Welt importierte Gartenerdbeere schließlich ihre natürlichen Verwandten.

Schließlich ist der für uns heute übliche und selbstverständliche Zugang zu Obst, Gemüse und Kräutern eine Entwicklung der letzten 100 Jahre. (Die Tomate beispielsweise ist erst Ende des 19. Jahrhunderts nach Deutschland eingewandert.) Bis zu diesem Zeitpunkt konnten Säfte auch nur frisch genossen werden. Erst das nach dem französischen Chemiker Louis Pasteur benannte Verfahren des Pasteurisierens (1864 entwickelt) ermöglichte es, Säfte durch kurzes Erhitzen auf etwa 80 °C haltbar zu machen. Viele der heute bekannten großen Saftproduzenten im In- und Ausland starteten mit der industriellen Produktion im ersten Drittel des 20. Jahrhunderts.

Dabei standen Apfel- und Birnensäfte sowie Most zunächst im Vordergrund. Parallel dazu entwickelte sich eine Kleingartenkultur, die es nun nicht mehr nur den Bauern ermöglichte, Säfte aus eigenem Gartenobst und -gemüse herzustellen. Die große Mannigfaltigkeit entwickelte sich allerdings erst in den Jahrzehnten nach Ende des Zweiten Weltkriegs. Und die heute bekannte Vielfalt und im Prinzip permanente Verfügbarkeit von Säften und Sirupen im Handel ist überhaupt erst seit den 1970er-Jahren als Folge von Massenproduktion und Globalisierung entstanden.

Verwirrende Vielfalt

Bevor wir zur eigenen Saftproduktion schreiten, möchten wir eine kleine Übersicht geben, was derzeit alles im Handel im weitesten Sinne als „Saft" erhältlich ist. Immerhin sind die Deutschen mit rund 37 Liter pro Kopf und Jahr Weltmeister im Fruchtsaftverbrauch (Stand: 2009). Nach Norwegen und Finnland folgen bereits Österreich und die Schweiz mit je rund 29 Liter. Die wichtigste gesetzliche Grundlage für eine einheitliche Regelung ist die Richtlinie 2001/112/EG, die in der gesamten Europäischen Union die gleichen Herstellungsgrundlagen für Fruchtsäfte garantiert. Darüber hinaus gibt es in Deutschland, Österreich und der Schweiz verschiedene Fruchtsaftverordnungen, die vor allem die Sirupe und Saftgetränke betreffen.

Fruchtsaft

Er besteht immer zu 100 % aus dem Saft von frischen oder tiefgekühlten Früchten wie Stein- und Kernobst, Beeren, Wild- und Zitrusfrüchten. Diese Säfte sind jedenfalls nicht vergoren und werden meistens durch Pasteurisieren (kurze Erhitzung auf etwa 80 °C) haltbar gemacht. Ein eventueller Zuckerzusatz ist (außer bei Birnen und Trauben) in bestimmten Mengen erlaubt, muss aber auf dem Etikett ausgewiesen werden. Fruchtsäfte dürfen keine Konservierungsstoffe enthalten und werden in zwei Gruppen eingeteilt:

Direktsaft – er wird aus frischen Früchten (bzw. Gemüsesorten) gepresst, ist ursprünglich und natürlich im Geschmack und enthält nur die fruchteigenen Aromen und das fruchteigene Wasser. Dies ist nicht nur jene Methode, mit der wir unsere 100 %-Fruchtsäfte in großen Mengen herstellen, sondern dieses Verfahren wird auch im Haushalt angewendet und ist somit Hauptthema dieses Buches.

Saft aus Konzentrat wiederum ist Saft, dem das fruchteigene Wasser entzogen wurde. Außerdem werden die zahlreichen geschmackgebenden Aromastoffe vom Saft getrennt. Vor dem Abfüllen wird das Konzentrat wieder mit demineralisiertem Wasser verdünnt. Dabei muss das Aroma nicht aus der ursprünglichen Frucht stammen. Dieses Verfahren wird ausschließlich bei der industriellen Produktion angewandt, auf dem Etikett finden Sie den entsprechenden Hinweis „aus Konzentrat".

Fruchtnektar

Hierbei handelt es sich um eine Mischung aus Fruchtsaft (Saft, Mark,

Konzentrat etc.), Wasser und Zucker. Sehr oft besteht Nektar aus Früchten, deren reiner Saft nicht so schmackhaft erscheint bzw. zum unmittelbaren Genuss gar nicht geeignet ist. Das gilt vor allem für säureintensive oder besonders aromatische Früchte (Johannisbeere, Quitte etc.). Der vorgeschriebene Mindestfruchtgehalt liegt je nach Fruchtart bei 25–50 %. Ist der Fruchtnektar durch Verdünnen von Konzentrat hergestellt worden, muss das auf dem Etikett vermerkt sein.

Süßmost

Laut „Europäischer Fruchtsaftverordnung" ist Süßmost Fruchtnektar, der ausschließlich aus Fruchtsäften oder konzentrierten Fruchtsäften bzw. Fruchtsaft, der aus Birnen (allenfalls mit einem Apfelanteil) und ohne Zucker hergestellt wird. Most bezeichnet aber dar-

über hinaus in Österreich Obstwein aus Äpfeln oder Birnen, aber auch ganz allgemein den frischen Presssaft aus Weintrauben. Gemüsemost wiederum ist ein milchsauer vergorener Gemüsesaft ohne Alkohol.

Fruchtsirup

Er wird aus Fruchtsaft (bzw. Konzentrat) und aus Zucker hergestellt. Sirup ist immer dickflüssig, der Zuckeranteil beträgt maximal zwei Drittel und macht den Sirup gleichzeitig haltbar. Zudem werden Sirupe auch durch Erhitzen oder Filtrieren, keinesfalls aber durch Konservierungsstoffe haltbar gemacht.

Fruchtsaftgetränke

Sie werden aus Fruchtsaft, Konzentrat, Mark sowie Wasser, Zucker, Aromaextrakten, natürlichen Aromen, Genusssäuren (Zitronensäure) sowie Farb- und Konservierungsstoffen hergestellt. Der Mindestfruchtgehalt beträgt je nach Sorte zwischen 6 und 30 %. Orangeade ist ebenfalls ein Fruchtsaftgetränk, da Getränke aus Zitrusfrüchten die Endung „...ade" führen dürfen. Saftgetränke unterscheiden sich von Fruchtsaftgetränken durch ihren höheren Saftanteil (12–60 %).

Limonaden

So werden Getränke aus meist kohlensäurehaltigem Wasser (Trinkwasser, Mineralwasser etc.), Zucker, Aromen und Säuren deklariert. Farb- und Konservierungsstoffe sind ebenfalls erlaubt. Natürlich gibt es auch Limonaden mit Fruchtbestandteilen und Fruchtsaft. Der Fruchtanteil enthält mindestens die Hälfte des Saftanteils, der für Fruchtsaftgetränke vorgeschrieben ist (3–15 %).

Smoothies

Das Wort kommt aus dem Englischen und bedeutet fein, gleichmäßig, cremig. Smoothies sind sogenannte Ganzfruchtgetränke, für die die ganze Frucht inklusive Schale und Kerne verarbeitet wird. Basis ist somit das Fruchtmark oder Fruchtpüree, das je nach Rezept mit Säften gemischt wird, um eine sämige Konsistenz zu erhalten. Der Variantenreichtum ist groß und es gibt keine genauen gesetzlichen Bestimmungen. Sehr oft bilden Bananen den Hauptbestandteil, es gibt aber auch Smoothies mit Joghurt, Milch oder Speiseeis.

Biofruchtsäfte

Sie sind das qualitätsmäßige Nonplusultra, da sie die hohen Qualitätskriterien der Fruchtsäfte mit den strengen Regelungen der ökologischen Landwirtschaft in sich vereinen. Bioprodukte gelten vielen Endverbrauchern zu Recht als die gesündesten Lebensmittel, die am Markt erhältlich sind. Biolandbau ist die umweltschonendste Form der Landwirtschaft; chemisch-synthetische Dünger, Pflanzenschutzmittel und der Einsatz von Gentechnik sind verboten. Die Richtlinien dazu sind in der EU-Verordnung 2092/91 verankert und werden regelmäßig und unabhängig kontrolliert. Liechtenstein (30 %) und Österreich (13 %) sind übrigens die weltweiten Spitzenreiter beim Anteil an ökologisch bewirtschafteter Anbaufläche.

Beim Kauf von Biofruchtsäften sollten Sie darauf achten, dass sich die folgenden Kennzeichnungen auf der Verpackung befinden: der Hinweis „aus biologischer/m (ökologischer/m) Landwirtschaft/Anbau/Landbau“, die Kontrollstelle bzw. die Kontrollnummer und ein geschütztes Markenzeichen von Bioverbänden bzw. das staatliche Biokontrollzeichen.

Einmaleins

DER SAFT- UND SIRUPHERSTELLUNG

Auf den folgenden Seiten wollen wir Ihnen einen Leitfaden für die Saft- und Sirupherstellung geben – vom Ausgangsprodukt (Obst, Gemüse, Kräuter) bis zum trinkfertigen Saft oder Sirup.

Frische Produkte

Wann immer Sie die Möglichkeit haben, verwenden Sie nur frische Ausgangsprodukte. Die Verfügbarkeit von Obst ist nur scheinbar dank des globalisierten Handels 365 Tage im Jahr gegeben. Ein Blick in den Saisonkalender (siehe hintere Umschlagklappe) gibt Auskunft über die tatsächliche Verfügbarkeit von frischem Obst und Gemüse in Mitteleuropa. Vor allem beim Obst haben Sie sicher schon selbst die Erfahrung gemacht, dass es am besten schmeckt, wenn es direkt aus dem Wald oder dem Garten kommt oder wenn eben in Ihrer unmittelbaren Umgebung gerade Erntezeit ist. Wenn Sie das Glück haben, einen Wochenmarkt in Ihrer Nähe zu haben, suchen Sie ihn auf; und achten Sie im Supermarkt auf Obst, Gemüse und Kräuter aus biologischer Landwirtschaft – man schmeckt den Unterschied!

Sortenvielfalt

Zu jeder Jahreszeit gibt es trotzdem viele verschiedene Sorten, die wir im Rezeptteil wie folgt eingeteilt haben: „Stein- und Kernobst", „Beeren", „Gemüse und Kräuter". Zum Steinobst (im Inneren der Früchte befindet sich ein Stein) zählen zum Beispiel Pflaume, (Sauer-)Kirsche, Kornelkirsche, Ringlotte (Reneklode), Marille (Aprikose), Pfirsich und Nektarine; zum Kernobst (im Inneren der Früchte befinden sich Kerne) Apfel, Birne, Quitte, Vogelbeere (!) etc. Zu den Beeren rechnen wir (Wald-)Erdbeere, Himbeere, Heidelbeere, Preiselbeere, Rote und Schwarze Johannisbeere, aber auch Weintraube, Brombeere (eigentlich eine Sammelsteinfrucht), Granatapfel und Holunderbeere. Südfrüchte, Zitrusfrüchte und andere Exoten wie Banane, Ananas, Maracuja, Mango, Kiwi, Grapefruit, Orange, Zitrone, Limette usw. stellen wir im Kapitel „Mischungen" vor. Als Gemüse und Kräuter, die sich gut für Säfte eignen, betrachten wir Karotte, Tomate, Rote Rübe (Bete), Sellerie, Rhabarber und Gurke bzw. Holunderblüte, Zitronenmelisse, Minze, Lavendel, aber auch Ingwer oder Süßkartoffel.

Naturtrübe Säfte

Viele Säfte, die man im Haushalt herstellt, sind naturtrüb. Naturtrüber Apfel- oder Birnensaft beispielsweise wurde nicht gefiltert. Folglich setzen sich Schwebstoffe am Boden ab. Durch die darin enthaltenen Antioxidantien sind naturtrübe Säfte gesünder und vitaminreicher und vor allem natürlicher, kräftiger und schmackhafter als klare Säfte.

Hilfsmittel und Werkzeuge

In einer durchschnittlich gut sortierten Küche sollten normalerweise ohnehin die wichtigsten Utensilien griffbereit zur Verfügung stehen: **Kochtöpfe** in diversen Größen, verschiedene **Messer** und **Löffel**, verschiedene **Siebe** und **Trichter** sind meistens vorhanden. **Haushaltshandschuhe** empfehlen sich für extrem abfärbende Obst- und Gemüsesorten (viele Beeren, Rote Rüben bzw. Bete etc.).

Für besondere Arbeiten an Obst und Gemüse erscheint uns der Ankauf spezieller Handwerksgeräte sinnvoll. Dazu zählen ein **Sparschäler** (für Tomaten, Kiwis etc.), ein **Orangenschäler** („skalpiert" die Schale im Nu) oder ein **Apfelentkerner** (entfernt das gesamte Gehäuse) ebenso wie **Pflaumen- und Kirschentsteiner** oder ein **Ananasschneider** (trennt beim Aushöhlen den Strunk vom Fruchtfleisch).

Essenziell ist die Anschaffung eines **Safttuches** aus strapazierfähigem, sehr feinem und dichtem Leinengewebe, ohne das die althergebrachten Methoden der Saft- und Sirupgewinnung nicht vorstellbar wären.

Küchenmaschinen

Neben einem **Stabmixer** wird öfter auch ein **Standmixer** (Blender) benötigt. Pürieren, Mixen und Mischen wird damit zum Kinderspiel; vor allem Smoothies, aber auch manche Mischsäfte sind ohne ein derartiges Gerät kaum herzustellen.

Eine **Zitruspresse** benötigen Sie für sämtliche Zitrusfrüchte wie Orangen, Zitronen, aber beispielsweise auch für Granatäpfel. Die Zitruspresse ist die

einfachste Version eines Entsafters. Die halbierte Zitrusfrucht wird auf einen nach oben spitz zulaufenden, scharfkantigen, gerippten Kegel gesetzt und per Hand oder mittels eines Hebels ausgepresst. Der Saft läuft dabei in ein separates Behältnis ab.

Der **Haushaltsentsafter** oder die **Saftzentrifuge** ist eines der beiden Hauptgeräte, die wir für dieses Buch vor allem verwendet haben. Mit einem derartigen Gerät kann man im Idealfall ganze Äpfel, Birnen, aber auch Karotten, Rüben usw. entsaften. Ein Elektromotor treibt eine Aluminium- oder Edelstahlzentrifuge an, auf deren Boden eine schwere Reibscheibe montiert ist. Obst und Gemüse werden durch einen Schacht an der Oberseite eingefüllt, mit einem Stopfer hinuntergedrückt und mittels Zentrifugalkraft in Trester (Kerne, Fasern etc.) und Saft getrennt. Beides wird in verschiedenen Sammelbehältern aufgefangen. Es empfiehlt sich, den Behälter für den Trester mit einem Tiefkühl- oder Kunststoffbeutel auszukleiden, um das Reinigen zu erleichtern.

Eine klassische **Passiermühle** aus Edelstahl, kurz „Flotte Lotte" genannt, die mit Handkurbel und Muskelkraft betrieben wird, ermöglicht das Passieren und Entsaften auf besonders effiziente Weise. Nachdem das Gerät auf einen Topf oder eine Schüssel gesetzt wurde, beginnt man zu drehen. Dabei erfasst der Passierflügel die zu entsaftenden Früchte und drückt sie gegen den Siebeinsatz (verschiedene Größen sind möglich), wo sie ausgepresst und zerrieben werden. Leider kommen viele Kopien nicht an das französische Original heran (mangelhafte Konstruktion und zu grobe Einsätze). Auch wir nehmen die „Flotte Lotte“ für unsere Rezepte immer wieder mal zur Hand!

Ein **Dampfentsafter** ist für die Verarbeitung mittelgroßer Obstmengen (einige Kilogramm) geeignet. Das Gerät – meist aus Aluminium oder Edelstahl – besteht aus mehreren zusammenzusetzenden Teilen und wird über einem Herd betrieben (es gibt auch Geräte mit eigenem Heizelement).

Und so funktioniert's: In den unteren flachen Topf wird Wasser gefüllt, das zur Dampferzeugung benötigt wird. Darauf wird der Auffangbehälter gesetzt, der einen Ablauf besitzt. Darauf wird von außen ein Gummischlauch gesteckt, durch den der fertige Saft später abgefüllt werden kann. Außerdem enthält der Auffangbehälter einen sich nach oben verjüngenden Trichter. In den Auffangbehälter wird der Fruchtkorb gesetzt, der mit zahlreichen Löchern versehen ist und in den die zu entsaftenden Früchte (bzw. das Gemüse) gefüllt werden. Ein Deckel dient zum Verschließen des Fruchtkorbs. Durch die Hitze des Dampfes wird die Zellstruktur der Früchte zerstört und der Saft fließt in den Auffangbehälter. Unerwünschte Teile wie Kerne, Stiele etc. verbleiben im Fruchtkorb. Neben dem Haushaltsentsafter ist der Dampfentsafter das zweite Hauptgerät, das wir für viele unserer Rezepte im Einsatz hatten.

Abfüllen und Aufbewahren

Die fertigen Säfte werden schließlich in passende Flaschen oder Gläser abgefüllt. Ideal für Säfte und Sirupe sind neue oder gut ausgewaschene Glasflaschen (Weinflaschen, Mineralwasserflaschen etc.). Diese verschließt man entweder mit klassischen (ausgekochten) Gummikappen oder man verwendet Flaschen mit Drehverschlüssen, die vor allem für die hoch konzentrierten Sirupe vorteilhaft sind, weil üblicherweise nicht eine ganze Flasche auf einmal verbraucht wird.

Korken bedürfen wegen der Keimgefahr einer speziellen Behandlung und werden daher immer seltener verwendet. Achtung: Werden die Flaschen heiß gefüllt, muss man sie – ebenfalls wegen der Gefahr am Verschluss anhaftender schädlicher Keime – unbedingt für einige Zeit umlegen, bevor man sie stehend lagern kann!

Haltbarkeit

Ganz allgemein können Säfte und Sirupe für den Haushaltsgebrauch durch Erhitzen haltbar gemacht werden. Das nach Louis Pasteur benannte Pasteurisieren ist die gängigste Methode, bei der Obstsäfte, aber auch Sirupe für einige Minuten auf ca. 80 °C erhitzt werden. Das verhindert das Gären und tötet schädliche Keime und Erreger ab. Besonders wichtig ist es, nach dem heißen Abfüllen die Flaschen für einige Zeit umzulegen, um zu verhindern, dass auf der Innenseite des Verschlusses verderbliche Keime haften bleiben.

Eine andere Methode ist die Beigabe von hohen Zuckermengen, wie das bei Sirupen der Fall ist. Die konservierende Wirkung ist konzentrationsabhängig, eine hohe Dosis Zucker sorgt dafür, dass nur wenige Mikroorganismen überleben können. In vielen unserer Rezepte wird entweder die eine oder die andere Methode angewandt.

Im Allgemeinen sind diese Säfte und Sirupe gut verschlossen problemlos bis zu einem Jahr oder auch länger haltbar. Einmal geöffnet, sollte man sie allerdings rasch verbrauchen. Farbverluste und Geschmackseinbußen nach einigen Monaten sind normal und auch nicht gesundheitsgefährdend. Findet sich aber doch einmal Schimmel in einer Flasche, muss man sie umgehend entsorgen!

Die folgenden vier Grundrezepte sollen Ihnen die unserer Meinung nach gängigsten Methoden zur Saft- und Siruppherstellung „Schritt für Schritt" demonstrieren. Im Prinzip können Sie auf diese Art sehr viele Säfte und Sirupe herstellen, Sie müssen im Wesentlichen nur das Ausgangsprodukt austauschen. Im Rezeptteil finden Sie darüber hinaus auch noch die eine oder andere Zubereitungsvariante, vor allem traditionelle Rezepte wie beispielsweise „Omas Beerensaft auf kaltem Wege" (siehe vordere Umschlagklappe) oder Ähnliches weisen einige Unterschiede auf.

Sortenreiner naturtrüber Apfelsaft

Zutaten

für ca. 5 l

- 7 ½ kg frische Äpfel (z. B. Elstar)
- eventuell 1 Schuss Zitronensaft oder 1 Msp. Ascorbinsäure (Vitamin C)

Zubereitung

Zunächst die Äpfel waschen und die Stiele entfernen. Gehäuse und Kerne müssen bei dieser Methode nicht entfernt werden. Mittelgroße Äpfel können im Ganzen verwendet werden, sehr große Früchte sollte man bei Bedarf halbieren oder vierteln.

Anschließend die Äpfel in einen Haushaltsentsafter (Saftzentrifuge) geben, den Kippschalter auf Stufe 2 (high) stellen und nach und nach alle Früchte entsaften.

Zum Pasteurisieren den gewonnenen Saft in einem großen Kochtopf aufkochen und für etwa 5 Minuten auf 80 °C erhitzen.

Den fertigen Apfelsaft in die vorbereiteten sauberen Flaschen abfüllen, mit in heißem Wasser bereitgestellten, ausgekochten Gummikappen dicht verschließen und die Flaschen für ungefähr 10 Minuten umlegen. Anschließend können sie stehend gelagert werden. Das Beschriften nicht vergessen.

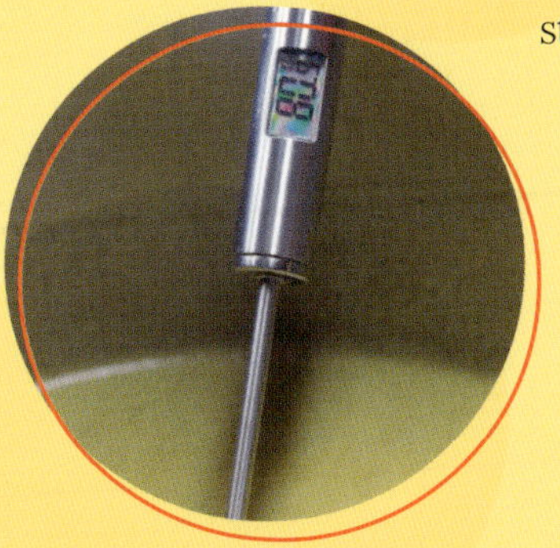

Himbeersaft

Zutaten

für ca. 5 l

- ca. 7 kg frische Himbeeren
- 350 g Einmachzucker

Zubereitung

Die Himbeeren nur vorsichtig abbrausen, keinesfalls waschen. Mit dem Einmachzucker vermischen und einige Stunden ziehen lassen.

Den Wassertopf eines Dampfentsafters mit mindestens 1 l Wasser füllen, die gezuckerten Früchte in den gelochten Dämpfereinsatz füllen und in den Saftbehälter setzen. Achten Sie bitte darauf, dass der Silikonschlauch fest auf dem Ausfüllstutzen sitzt und die Schlauchklemme dicht schließt! Wasser zum Kochen bringen, sodass der aufsteigende Saft die Zellwände der Früchte zum Platzen bringt. Achten Sie darauf, dass das Wasser über den gesamten Zeitraum hindurch gleichmäßig kocht und immer ausreichend Flüssigkeit vorhanden ist!

Nach etwa 20 Minuten ½–1 l Saft ablassen. Bei den meisten anderen Früchten dauert die Garzeit länger; beachten Sie die individuellen Angaben im allgemeinen Rezeptteil oder der Gebrauchsanleitung Ihres Dampfentsafters. Anschließend den abgelassenen Saft nochmals über das Obst gießen. So erhält der Saft eine gleichmäßige Konzentration. Nun den Saft mithilfe des Silikonschlauchs in vorgewärmte saubere Flaschen abfüllen. Die Flaschen dabei am besten in einen Topf mit heißem Wasser stellen, um einen Temperaturausgleich zu schaffen und ein Zerplatzen der Flaschen zu verhindern.

Den Saft immer etwas überlaufen lassen und die Flaschen sofort mit in heißem Wasser bereitgestellten, ausgekochten Gummikappen verschließen. Zum Schluss die abgefüllten Flaschen auf ein feuchtes Tuch stellen, abdecken, abkühlen lassen und beschriften.

Apropos

Wenn Sie die Flaschen verkorken wollen, die Korken zunächst in Alkohol tauchen. Die Flaschen nur bis ca. 3 cm unter den Rand füllen, sofort verkorken und nach dem Abkühlen die Korken mit flüssigem Wachs (z. B. Kerzenwachs) abdichten. Verkorkte Flaschen unbedingt liegend lagern.

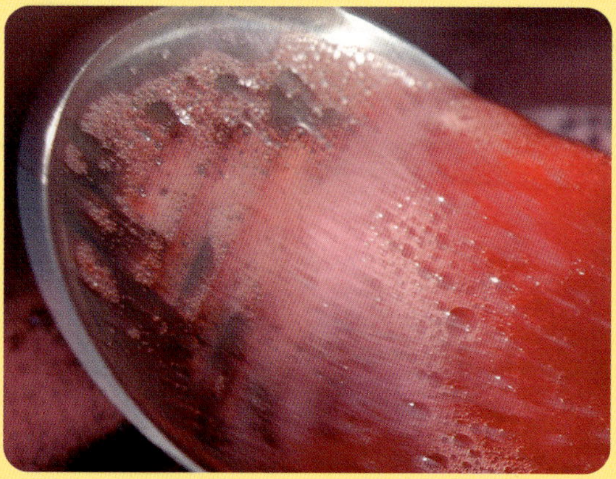

Himbeersirup

Zutaten

für ca. 3 l

- ca. 2 kg frische Himbeeren
- ca. 3 kg Feinkristallzucker
- 50 g Zitronensäure
- 1 l Wasser
- ½ Pkg. Einsiedehilfe

Zubereitung

Die Himbeeren nur leicht abbrausen (keinesfalls waschen) und zerdrücken. Dann die Zitronensäure in Wasser auflösen und über die Früchte gießen. Den Früchtebrei einen Tag an einem kühlen Ort zugedeckt stehen lassen und hin und wieder umrühren.

Nun den Früchtebrei auf ein feuchtes, leicht gespanntes Safttuch (Leinentuch) geben und den Himbeersaft gut ablaufen lassen. Den so gewonnenen Saft abwiegen und pro 1 l Saft etwa ¾–1 kg Zucker beifügen. Pro 2–2 ½ l fertigem Saft ungefähr ½ Päckchen in heißem Wasser aufgelöste Einsiedehilfe beimengen.

Wenn sich der Zucker vollständig aufgelöst hat, den Saft in saubere Flaschen abfüllen. Zum Verschließen verwenden Sie am besten in heißem Wasser bereitgestellte, ausgekochte Gummikappen.

Apropos

Gerade für Sirupe eignen sich auch Flaschen mit Schraubverschlüssen, da Sirupe länger haltbar sind und man üblicherweise nicht den gesamten Inhalt einer Flasche auf einmal benötigt. Wenn Sie Flaschen mit Schraubverschlüssen verwenden, diese vorher in Alkohol tauchen.

Karottensaft

Zutaten

für ca. 5 l

- ca. 7 ½ kg Karotten

Zubereitung

Die Karotten putzen, Enden abschneiden und waschen. Mittelgroße Karotten können im Ganzen in den Haushaltsentsafter (Saftzentrifuge) gegeben werden, große Karotten vorher in Stücke schneiden. Den Kippschalter auf Stufe 2 (high) stellen und nach und nach alle Karotten entsaften.

Zum Pasteurisieren den gewonnen Saft in einem großen Kochtopf aufkochen und für etwa 5 Minuten auf 80 °C erhitzen.

Den fertigen Karottensaft in vorbereitete saubere Flaschen abfüllen, mit in heißem Wasser bereitgestellten, ausgekochten Gummikappen dicht verschließen und die Flaschen für ca. 10 Minuten umlegen. Anschließend kann man sie stehend lagern.

Apropos

Wenn Sie den Saft sofort genießen möchten, dann lassen Sie das Pasteurisieren einfach weg. Vor allem frische Gemüsesäfte eignen sich perfekt zum Soforttrinken. Darüber hinaus sind sie auch ideal für Mischungen verwendbar, sei es mit anderen Gemüsesäften, sei es mit Obst. Spannende Anregungen dazu finden Sie im weiterführenden Rezeptteil!

Kern- und Steinobst

Naturtrüber Apfelsaft aus drei Sorten

Zutaten

für ca. 5 l

- pro Sorte je 2 ½ kg frische Äpfel (z. B. McIntosh, Braeburn, Gala)
- eventuell 1 Schuss Zitronensaft oder 1 Msp. Ascorbinsäure (Vitamin C)

Zubereitung

Äpfel waschen, Stiele entfernen; mittelgroße Äpfel können im Ganzen verwendet werden, sehr große bei Bedarf halbieren oder vierteln. Äpfel in den Haushaltsentsafter (Saftzentrifuge) geben, Kippschalter auf Stufe 2 (high) stellen und nach und nach alle Früchte entsaften.

Zum Pasteurisieren den gewonnen Saft in einem großen Kochtopf aufkochen und für etwa 5 Minuten auf 80 °C erhitzen.

Den fertigen Apfelsaft in vorbereitete saubere Flaschen abfüllen, mit in heißem Wasser bereitgestellten, ausgekochten Gummikappen dicht verschließen und die Flaschen für ca. 10 Minuten umlegen. Anschließend können sie stehend gelagert werden.

Apfel-Balsamico-Dressing

3 EL Olivenöl (unbedingt „extra vergine") und 3 EL Apfelsaft mit Zitronensaft, Salz und Pfeffer vermischen. Anschließend je nach gewünschter Intensität 1-1 ½ EL Aceto Balsamico di Modena (je älter, desto besser!) dazugeben – fertig! Dieses Dressing passt wunderbar zu gemischten Blattsalaten mit Rucola, Radicchio, Cherrytomaten, Birnen und Parmesan.

Apropos

Wem der Saft zu dunkel ist, der kann eine Messerspitze Ascorbinsäure (Vitamin C) oder einen Schuss Zitronensaft zur Aufhellung dazugeben.

Naturtrüber Birnensaft

Zutaten

für ca. 5 l

- ca. 8 ½–9 kg frische Birnen

Zubereitung

Zunächst die Birnen waschen, anschließend die Stiele entfernen. Mittelgroße Birnen können im Ganzen verwendet werden, sehr große sollte man bei Bedarf halbieren oder vierteln. Dann die Früchte in den Haushaltsentsafter (Saftzentrifuge) geben, den Kippschalter auf Stufe 2 (high) stellen und nach und nach alle Früchte entsaften.

Zum Pasteurisieren kochen Sie den gewonnen Saft in einem großen Kochtopf auf und erhitzen ihn für etwa 5 Minuten auf 80 °C.

Den fertigen Birnensaft in vorbereitete saubere Flaschen abfüllen, mit in heißem Wasser bereitgestellten, ausgekochten Gummikappen dicht verschließen und die Flaschen für ca. 10 Minuten umlegen. Anschließend können sie stehend gelagert werden.

Apropos

Aufgrund seines deutlich geringeren Säuregehalts schmeckt Birnensaft meist erheblich süßer als Apfelsaft. Ein Süßen mit Zucker ist daher bei diesen Säften keine Geschmackssache, sondern schlicht unnötig.

Kirschsaft

Zutaten

für ca. 5 l

- ca. 7½ kg frische Kirschen
- 375 g Einmachzucker

Zubereitung

Die Kirschen waschen und entsteinen. Die vorbereiteten Früchte mit dem Einmachzucker vermischen und einige Stunden ziehen lassen.

Den Wassertopf eines Dampfentsafters mit mindestens 1 l Wasser füllen, die gezuckerten Früchte in den gelochten Dämpfereinsatz geben und diesen in den Saftbehälter setzen. Achten Sie darauf, dass der Silikonschlauch fest auf dem Ausfüllstutzen sitzt und die Schlauchklemme dicht schließt!

Wasser zum Kochen bringen und darauf achten, dass das Wasser den gesamten Zeitraum über gleichmäßig kocht und immer ausreichend Flüssigkeit vorhanden ist. Nach ca. 45 Minuten ½–1 l Saft ablassen und nochmals über das Obst gießen.

Den Saft mithilfe des Silikonschlauchs in vorgewärmte saubere Flaschen abfüllen. Die Flaschen beim Abfüllen am besten in einen Topf mit heißem Wasser stellen, um einen Temperaturausgleich zu schaffen und so ein Zerplatzen der Flaschen zu verhindern.

Saft etwas überlaufen lassen und die Flaschen sofort mit in heißem Wasser bereitgestellten, ausgekochten Gummikappen verschließen. Abgefüllte Flaschen auf ein feuchtes Tuch stellen, abdecken und abkühlen lassen.

Apropos

Sauerkirschensaft können Sie auf die gleiche Weise herstellen. Verwenden Sie dafür aber eine größere Menge Einmachzucker (zwischen 500 und 700 g). Für das Entsteinen der Früchte empfiehlt sich die Anschaffung eines speziellen Kirschentsteiners.

Pflaumensaft

Zutaten

für ca. 5 l

- ca. 7 ½ kg frische Pflaumen
- 500 g Einmachzucker

Zubereitung

Die Pflaumen waschen und entsteinen. Die vorbereiteten Früchte mit dem Einmachzucker vermischen und einige Stunden ziehen lassen.

Den Wassertopf eines Dampfentsafters mit mindestens 1 l Wasser füllen, die gezuckerten Früchte in den gelochten Dämpfereinsatz füllen und diesen in den Saftbehälter setzen. Achten Sie darauf, dass der Silikonschlauch fest auf dem Ausfüllstutzen sitzt und die Schlauchklemme dicht schließt!

Wasser zum Kochen bringen und darauf achten, dass das Wasser den gesamten Zeitraum über gleichmäßig kocht und immer ausreichend Flüssigkeit vorhanden ist. Nach ca. 45 Minuten ½–1 l Saft ablassen und nochmals über das Obst gießen.

Den Saft mit dem Silikonschlauch in vorgewärmte saubere Flaschen abfüllen. Die Flaschen beim Abfüllen am besten in einen Topf mit heißem Wasser stellen, um einen Temperaturausgleich zu schaffen und ein Zerplatzen der Flaschen zu verhindern.

Saft etwas überlaufen lassen und die Flaschen sofort mit in heißem Wasser bereitgestellten, ausgekochten Gummikappen verschließen. Abgefüllte Flaschen auf ein feuchtes Tuch stellen, abdecken und abkühlen lassen.

Apropos

Auch für Pflaumen gibt es ein eigenes Werkzeug, den Pflaumenentsteiner. Eine Anschaffung lohnt sich ab der ersten Saftproduktion.

Apropos

Kornelkirschensaft sollten Sie wegen der im Stein enthaltenen Blausäure keinesfalls mit den Kernen herstellen. In Deutschland stehen Kornelkirschen übrigens unter Naturschutz. Gepflückt werden sollte deshalb nur bei angepflanzten Bäumen oder Sträuchern, nicht von wilden Pflanzen!

Kornelkirschensirup

Zutaten

für ca. 3 l

- ca. 1 ½ kg frische Kornelkirschen
- ca. 1 ½ kg Einmachzucker
- ca. 1 ½ l Wasser

Zubereitung

Die Kornelkirschen waschen und mit dem Zucker vermischen. Wasser dazugeben und alles ca. 10 Minuten aufkochen, bis die Früchte ganz weich sind. Den Sud durch ein Sieb in ein Gefäß seihen.

Gekochte Kornelkirschen mit der Hand entkernen (Achtung: unbedingt Haushaltshandschuhe verwenden!) und durch ein großlöchriges Sieb (z. B. Nudelsieb) streichen. Das Fruchtfleisch mit einer „Flotten Lotte" passieren (eventuell kann man auch einen Stabmixer verwenden). Danach alles nochmals gemeinsam mit dem Sud aufkochen.

Den fertigen Sirup in vorbereitete saubere Flaschen abfüllen, mit in heißem Wasser bereitgestellten, ausgekochten Gummikappen bzw. in Alkohol getauchten Schraubverschlüssen dicht verschließen und die Flaschen für ca. 10 Minuten umlegen. Anschließend können sie stehend gelagert werden.

Birnen-Kornelkirschen-Kompott
2 EL Feinkristallzucker karamellisieren, mit 200 ml Rotwein und 100 ml Rotweinessig ablöschen. Etwas geriebene Zitronenschale und 2 Gewürznelken dazugeben und 10 Minuten köcheln lassen. Spalten von 4 geschälten Birnen dazugeben und bissfest garen. Birnen aus dem Sud nehmen, Nelken entfernen. 100 ml Kornelkirschensirup mit 1 TL Speisestärke anrühren, Sud damit binden und abkühlen lassen. Dieses Kompott passt perfekt zu einer Wildterrine.

Das Siruprezept stammt von Zwei-Hauben-Koch Uwe Machreich, der mit seiner Frau Veronika in Ödhöfen bei Bad Schönau/NÖ das Wirtshaus „Triad" betreibt.

Pfirsichnektar

Zutaten

für ca.3 l

- ca. 2 kg frische Pfirsiche
- 100 g Feinkristallzucker
- 1 Schuss Zitronensaft oder 1 Msp. Ascorbinsäure
- ca. 1 ½–2 l Wasser

Zubereitung

Die Pfirsiche waschen, schälen, halbieren und entsteinen. Anschließend die Pfirsichhälften zerkleinern und im Wasser kochen, bis sie weich sind. Früchte mithilfe eines Pürierstabs zerkleinern.

Alternativ dazu kann man auch auf das Schälen der Früchte verzichten. Dann muss man die weich gekochten Pfirsiche durch eine „Flotte Lotte“ zu Pfirsichmark verarbeiten, da sich sonst Reste der Haut im fertigen Nektar wiederfinden.

Das Pfirsichmark zuckern und Zitronensaft oder Ascorbinsäure gegen das Braunwerden beigeben. Die Masse auf 80–85 °C erhitzen, anschließend in saubere Flaschen abfüllen und mit in heißem Wasser bereitgestellten, ausgekochten Gummikappen oder in Alkohol getauchten Schraubverschlüssen dicht verschließen.

Die Flaschen für ca. 10 Minuten umlegen. Anschließend können sie stehend gelagert werden.

Varianten
Nach derselben Methode kann man auch Brombeer-, Marillen- (Aprikosen-) oder Birnennektar herstellen. Früchte und Wasser sollten dabei immer zu etwa gleichen Teilen verwendet werden, wobei Marillen etwas mehr und Birnen etwas weniger Wasser benötigen. Der Zuckeranteil sollte nicht mehr als 10 % betragen, bei süßen Früchten reicht auch sehr viel weniger – letztlich ist das aber Geschmackssache.

Apropos

Fruchtfasern sind typisch für den Pfirsich. Sie lassen sich weder „wegpürieren“ noch „auspassieren“ und stören den Geschmack überhaupt nicht.

Marillensirup

Zutaten

für ca. 3 l

- ca. 2½ kg frische Marillen
- 900 g Feinkristallzucker (300 g Zucker pro 1 l Saft)
- Saft von 2 Zitronen
- 2 l Wasser

Zubereitung

Die Marillen waschen und entsteinen. Anschließend mit dem Zitronensaft und dem Wasser in einen Topf geben, zugedeckt rasch zum Kochen bringen und bei milder Hitze etwa 10 Minuten sieden lassen.

Die Masse in ein mit heißem Wasser überbrühtes, leicht gespanntes Safttuch (Leinentuch, Mulltuch) geben. Den Zucker in ein geeignetes Gefäß füllen und den Saft hineinrinnen lassen, bis die Masse antrocknet. Dabei immer wieder Saft mit Zucker verrühren.

Den Sirup bis auf etwa 80 °C erhitzen, noch heiß in saubere Flaschen füllen und mit in Alkohol getauchten Schraubverschlüssen dicht verschließen.

Die Flaschen für ca. 10 Minuten umlegen. Anschließend können sie stehend gelagert werden.

Marillengelee

Ideal für Marillen ist auch das Dampfentsaften (siehe Seite 22), da die Marillen auf diese Weise mehr Saft geben. Pro 1 kg Marillen nimmt man 50 g Einmachzucker und enthält nach 45–60 Minuten Garzeit etwa 650 ml Saft. Durch Zugabe von 1 kg Gelierzucker und 125 ml Wasser können Sie diesen Saft ca. 4 Minuten aufkochen und zu einem köstlichen Gelee (Konfitüre ohne Fruchtfleisch) weiterverarbeiten.

Nektarinennektar

Zutaten

für ca.3 l

- ca. 2 kg frische Nektarinen
- 100 g Feinkristallzucker
- 1 Schuss Zitronensaft oder 1 Msp. Ascorbinsäure
- 1 ½ l Wasser

Zubereitung

Die Nektarinen waschen, schälen, halbieren und entsteinen. Anschließend die Nektarinenhälften zerkleinern, im Wasser weich kochen und mithilfe eines Pürierstabs zerkleinern. Das Nektarinenmark hat nicht so viele Fruchtfasern wie Pfirsichmark, ganz „wegpürieren" lassen sie sich aber auch nicht.

Das Mark mit dem Zucker vermischen und Zitronensaft oder Ascorbinsäure gegen das Braunwerden beigeben. Die Masse für etwa 5 Minuten auf 80–85 °C erhitzen.

In saubere Flaschen abfüllen und mit in heißem Wasser bereitgestellten, ausgekochten Gummikappen oder in Alkohol getauchten Schraubverschlüssen dicht verschließen. Die Flaschen für ca. 10 Minuten umlegen. Anschließend können sie stehend gelagert werden.

Nektarinensoße
6 Nektarinen schälen und in Spalten schneiden. 125 ml Nektarinensaft mit 1 TL Honig, 20 ml Grand Marnier und 2 EL Sahne aufkochen. Die Soße mit ½ TL Stärkemehl binden. Die Nektarinenspalten in die Soße legen und alles im Kühlschrank abkühlen lassen. Passt wunderbar zu einer Schokolade-Mandel-Torte.

Das Nektarrezept stammt von Leo Hillinger, der eines der renommiertesten und größten privaten Weingüter Österreichs führt.

Apropos

Erst die Verdünnung mit Wasser macht das Mark zum trinkfertigen Nektar. Wem der Nektar zu süß ist, der kann auch etwas Zitronensäure als Ausgleich beimengen.

Beerenobst

Alkoholfreier Traubenpunsch

Pro Person den Saft einer Orange, 200 ml Traubensaft (roter wäre farblich attraktiver), 1 Zimtstange und 2 Gewürznelken erhitzen und 15–30 Minuten ziehen lassen (nicht kochen!). Heiß serviert ist dieser Punsch ein tolles Getränk für kalte (Winter-)Tage.

Traubensaft

Zutaten

für ca. 5 l

- ca. 7 ½ kg frische rote oder weiße Weintrauben
- 500 g Einmachzucker

Zubereitung

Die Weintrauben waschen, mit dem Einmachzucker vermischen und einige Stunden ziehen lassen. Den Wassertopf eines Dampfentsafters mit mindestens 1 l Wasser füllen, die gezuckerten Früchte in den gelochten Dämpfereinsatz füllen und diesen in den Saftbehälter setzen.

Wasser zum Kochen bringen und darauf achten, dass das Wasser den gesamten Zeitraum über gleichmäßig kocht und immer ausreichend Flüssigkeit vorhanden ist! Nach ca. 45 Minuten ½–1 l Saft ablassen und nochmals über das Obst gießen.

Den Saft mit dem Silikonschlauch in vorgewärmte saubere Flaschen abfüllen. Die Flaschen beim Abfüllen am besten in einen Topf mit heißem Wasser stellen, um einen Temperaturausgleich zu schaffen und ein Zerplatzen der Flaschen zu verhindern.

Den Saft etwas überlaufen lassen und die Flaschen sofort mit in heißem Wasser bereitgestellten, ausgekochten Gummikappen dicht verschließen. Abgefüllte Flaschen auf ein feuchtes Tuch stellen, abdecken und abkühlen lassen.

Apropos

Damit Traubenmost – der durch Keltern gewonnene Saft der Weinbeeren, der als Vorprodukt zur Wein- und Sektherstellung gilt – im Handel als Traubensaft gelten kann, muss er gegen weitere Vergärung haltbar gemacht werden.

Omas Hagebuttensaft

Zutaten

für ca. 5 l

- ca. 6 kg Hagebutten
- 300–350 g Feinkristall-zucker pro 1 l Saft
- 100 g Zitronensäure
- 2 Pkg. Einsiedehilfe
- 4 l Wasser

Zubereitung

Die Hagebutten vorsichtig waschen. In einen großen Topf geben, das kochend heiße Wasser darübergießen und sofort die Zitronensäure dazugeben. Die Mischung 8 Tage stehen lassen, währenddessen jeden Tag etwas durchkneten und -drücken. Dazu verwenden Sie am besten Haushaltshandschuhe.

Dann die Masse durch ein feuchtes, leicht gespanntes Safttuch oder ein Sieb gut abseihen. Zucker einrühren und die in etwas heißem Wasser aufgelöste Einsiedehilfe dazugeben.

In vorbereitete saubere Flaschen abfüllen und mit in heißem Wasser bereitgestellten, ausgekochten Gummikappen oder mit Korken (siehe Apropos Seite 23) dicht verschließen.

Apropos

Hagebuttensaft wird wegen seines hohen Gehalts an Vitamin C sehr geschätzt. Er enthält leicht lösliche Gerbstoffe und Pektin und wirkt vorbeugend gegen Wintermüdigkeit und Erschöpfungszustände

Johannisbeersirup

Zutaten

für ca. 3 l

- ca. 3 ½ kg Rote oder 4 ½ kg Schwarze reife Johannisbeeren
- ca. 3 kg Feinkristallzucker
- 75 g Zitronensäure
- 1 ½ Pkg. Einsiedehilfe
- 2 l Wasser

Zubereitung

Johannisbeeren vorsichtig waschen, entstielen und in eine große irdene Schüssel geben. Anschließend die Zitronensäure darüberstreuen und das (kalte) Wasser hinzufügen. Die Schüssel mit einem passenden Deckel verschließen und einen Tag stehen lassen. Währenddessen immer wieder vorsichtig mit einem Holzlöffel umrühren.

Dann den Saft durch ein feuchtes, leicht gespanntes Safttuch (Leinentuch) seihen. Dabei sollten die Früchte keinesfalls gedrückt werden! Unter ständigem Umrühren mit einem Holzlöffel den Feinkristallzucker und die in heißem Wasser aufgelöste Einsiedehilfe hinzugeben.

Wenn sich der Zucker vollständig aufgelöst hat, den Saft nochmals durch ein feuchtes Tuch gießen und dann in saubere Flaschen abfüllen. Mit in heißem Wasser bereitgestellten, ausgekochten Gummikappen oder in Alkohol getauchten Schraubverschlüssen dicht verschließen.

Apropos

Johannisbeeren können Sie auch mit einem Dampfentsafter verarbeiten. Pro 1 kg Johannisbeeren benötigen Sie 150–200 g Einmachzucker und erhalten nach 45–60 Minuten Garzeit etwa 1 l Saft (Details zum Dampfentsaften siehe Seite 22).

Erdbeersirup

Zutaten

für ca. 3 l

- ca. 2 ½ kg frische Erdbeeren
- ¾–1 kg Feinkristallzucker pro 1 l Saft
- 50 g Zitronensäure
- 1 ½ l Wasser
- ½ Pkg. Einsiedehilfe

Zubereitung

Die Erdbeeren waschen, entstielen und zerdrücken. Die Zitronensäure im Wasser auflösen und über die Früchte gießen. Den Früchtebrei 1 Tag an einem kühlen Ort zugedeckt stehen lassen und währenddessen häufig umrühren.

Danach auf ein feuchtes, leicht gespanntes Safttuch (Leinentuch) geben und den Erdbeersaft vollständig ablaufen lassen. Den gewonnenen Saft abwiegen und pro 1 l Saft etwa ¾–1 kg Zucker beifügen. Pro 2–2 ½ l fertigem Saft etwa ½ Päckchen in heißem Wasser aufgelöste Einsiedehilfe beimengen.

Wenn sich der Zucker vollständig aufgelöst hat, den Saft in saubere Flaschen abfüllen. Nun mit in heißem Wasser bereitgestellten, ausgekochten Gummikappen oder in Alkohol getauchten Schraubverschlüssen dicht verschließen.

Schokolademousse mit Erdbeeren
5 Eigelb mit 60 g Puder- bzw. Staubzucker zuerst warm, dann kalt schaumig aufschlagen. 100 g dunkle Schokolade (70 % Kakaoanteil) über Wasserdampf zart temperieren, mit der Eigelbmasse verrühren und 250 ml geschlagene Sahne unterheben. Nach einigen Stunden im Kühlschrank mit einem feuchten Suppenlöffel portionieren und mit frischen Erdbeeren, Schlagsahne und Erdbeersirup garnieren. Köstlich!

Apropos

Für diesen Sirup eignen sich auch Walderdbeeren, die sich durch ihr besonderes Aroma auszeichnen.

Apropos

Der Granatapfel wird auch Grenadine genannt. Im Mittelmeerraum und im Nahen Osten wird er seit Jahrhunderten kultiviert. Seine rote Frucht ist als Grenzfall einer Beere anzusehen, da das Fruchtfleisch nicht fleischig ist, allerdings auch nicht verholzt. Grenadinesirup ist ein Hauptbestandteil vieler bekannter Cocktails.

Granatapfelsirup

Zutaten

für ca. 1 l

- ca. 2 ½ kg Granatäpfel
- ca. 800 g Gelierzucker (2 : 1)

Zubereitung

Die Granatäpfel halbieren, auf einer Zitruspresse gut auspressen und den Saft durch ein Sieb abseihen. Mit dem Zucker in einem passenden Topf vermengen und anschließend bei kleiner Hitze langsam zum Kochen bringen. Etwa 10 Minuten kochen lassen. Dabei ständig rühren, sodass sich der Zucker vollständig auflöst.

Den Granatapfelsirup vom Herd nehmen und den Schaum mit einer Schaumkelle abschöpfen. Den heißen Sirup in vorbereitete saubere Flaschen füllen und mit in heißem Wasser bereitgestellten, ausgekochten Gummikappen oder in Alkohol getauchten Schraubverschlüssen dicht verschließen. Die Flaschen sofort für ca. 10 Minuten umlegen. Anschließend können sie stehend gelagert werden.

Tequila Sunrise
Pro Glas 4–6 Eiswürfel in einen Cocktailshaker füllen. 40 ml Tequila, 10 ml bzw. 1 Schuss Zitronensaft und 120 ml Orangensaft dazugeben. Shaker verschließen und ca. 20 Sekunden kräftig schütteln. Den Drink durch einen Barsieb in ein mit Eiswürfeln gefülltes, hohes Longdrinkglas gießen. 10 ml bzw. 1 Schuss Granatapfelsirup vorsichtig über einen Löffelrücken in das Glas fließen lassen, nicht mehr umrühren und erst servieren, wenn sich der Sirup am Glasboden abgesetzt hat.

Stachelbeersirup

Zutaten

für ca. 3 l

- ca. 3 kg frische Stachelbeeren
- ¾–1 kg Feinkristallzucker pro 1 l Saft
- 50 g Zitronensäure
- 2 l Wasser
- ca. 1 Pkg. Einsiedehilfe

Zubereitung

Die Stachelbeeren waschen, entstielen und zerdrücken. Zitronensäure im Wasser auflösen und über die Früchte gießen. Den Früchtebrei für 1 Tag an einem kühlen Ort zugedeckt stehen lassen und währenddessen häufig umrühren.

Danach auf ein feuchtes, leicht gespanntes Safttuch (Leinentuch) geben und den Saft vollständig ablaufen lassen. Abwiegen und pro Liter ¾–1 kg Zucker beifügen. Pro 2 l fertigem Saft etwa ¾ Päckchen in heißem Wasser aufgelöste Einsiedehilfe beimengen.

Wenn sich der Zucker vollständig aufgelöst hat, den Saft in vorbereitete saubere Flaschen abfüllen. Mit in heißem Wasser bereitgestellten, ausgekochten Gummikappen oder in Alkohol getauchten Schraubverschlüssen dicht verschließen.

Apropos

Die Stachelbeere wurde früher als Klosterbeere bezeichnet und wird seit dem 16. Jahrhundert in Europa kultiviert. Es gibt sie als grüne Frucht und in verschiedenen Rottönen.

Preiselbeersirup

Zutaten

für ca. 3 l

- ca. 3 kg frische Preiselbeeren
- ¾–1 kg Feinkristallzucker pro 1 l Saft
- 50 g Zitronensäure
- 2 l Wasser
- 1 Pkg. Einsiedehilfe

Zubereitung

Die Preiselbeeren waschen, entstielen und zerdrücken. Zitronensäure im Wasser auflösen und über die Früchte gießen. Den Früchtebrei für 1 Tag an einem kühlen Ort zugedeckt stehen lassen und währenddessen häufig umrühren.

Danach auf ein feuchtes, leicht gespanntes Safttuch (Leinentuch) geben und den Saft vollständig ablaufen lassen. Abwiegen und pro Liter ¾–1 kg Zucker beifügen. Pro 2 l fertigem Saft etwa ¾ Päckchen in hei- ßem Wasser aufgelöste Einsiedehilfe beimengen.

Wenn sich der Zucker vollständig aufgelöst hat, den Saft in vorbereitete saubere Flaschen abfüllen. Mit in heißem Wasser bereitgestellten, ausgekochten Gummikappen oder mit in Alkohol getauchten Schraubverschlüssen dicht verschließen.

Apropos

Preiselbeeren zählen zur Gattung der Heidelbeeren und eignen sich hervorragend als Begleiter von Wildgerichten. Roh gilt die herbsaure Frucht allerdings als ungenießbar.

Heidelbeersirup

Zutaten

für ca. 3 l

- ca. 3 kg frische Heidelbeeren
- ¾–1 kg Feinkristallzucker pro 1 l Saft
- 50 g Zitronensäure
- 2 l Wasser
- 1 Pkg. Einsiedehilfe

Zubereitung

Die Heidelbeeren waschen, entstielen und zerdrücken. Zitronensäure im Wasser auflösen und über die Früchte gießen. Den Früchtebrei für 1 Tag an einem kühlen Ort zugedeckt stehen lassen und währenddessen häufig umrühren.

Danach auf ein feuchtes, leicht gespanntes Safttuch (Leinentuch) geben und den Saft vollständig ablaufen lassen. Abwiegen und pro Liter ¾–1 kg Zucker beifügen. Pro 2 l fertigem Saft etwa ½ Päckchen in heißem Wasser aufgelöste Einsiedehilfe beimengen.

Wenn sich der Zucker vollständig aufgelöst hat, den Saft in vorbereitete saubere Flaschen abfüllen. Mit in heißem Wasser bereitgestellten, ausgekochten Gummikappen oder in Alkohol getauchten Schraubverschlüssen dicht verschließen.

Apropos

Auf die gleiche Art lassen sich übrigens Sirupe aus Moosbeere, Schwarzbeere oder Brombeere herstellen. Wann immer Sie die Möglichkeit haben, verwenden Sie auf jeden Fall Wald- und keine Kulturfrüchte!

Eisbecher mit Waldfruchten

Beerensirupe und Gefrorenes sind eine unschlagbare Kombination. Mischen Sie die Klassiker Vanille- und Schokoladeeis mit frischen Waldbeeren Ihrer Wahl und dekorieren Sie den Eisbecher mit Schlagsahne und den aus den Beeren gewonnenen Sirupen.

Schwarzer Holunderbeersirup

Zutaten

für ca. 3 l

- ca. 1 ½ kg Schwarze Holunderbeeren
- ca. 2 ½–3 kg Feinkristallzucker
- Saft von 3 Zitronen
- 1 ¾ l Wasser

Apropos

Holundersaft und Holunderbeeren sind ein beliebtes Hausmittel bei Erkältungen, Nieren- und Blasenleiden.

Zubereitung

Holunderbeeren mit einer Gabel abzupfen, waschen und die grünen Früchte aussortieren. Die gereinigten Beeren mit dem Wasser begießen und im Kühlschrank einen Tag reifen lassen.

Beeren mixen und mit 300 g Zucker und dem Zitronensaft aufkochen. Den Holundersaft durch ein größeres Sieb abseihen. Anschließend den Saft abwiegen und mit etwa 1 kg Zucker pro 1 l Saft aufkochen.

Den heißen Sirup in vorgewärmte saubere Flaschen abfüllen. Mit in heißem Wasser bereitgestellten, ausgekochten Gummikappen oder in Alkohol getauchten Schraubverschlüssen verschließen und sofort umlegen. Nach einigen Minuten mit einem Tuch zudecken und bei Zimmertemperatur abkühlen lassen. Anschließend können die Flaschen in einem kühlen Raum stehend aufbewahrt werden.

Omas Holunderbeerschnaps
2 kg vorbereitete Holunderbeeren und 2 l Wasser 30 Minuten sieden lassen. Abseihen, 500 g Feinkristallzucker dazugeben und erneut 10 Minuten sieden lassen. Über Nacht kalt stellen. Anschließend 500 ml Weingeist (96 %) und 1 Pkg. Vanillepulver unterrühren. Zum Schluss den Holunderbeerschnaps in passende Flaschen abfüllen und dicht verschließen.

Gemüse und Kraüter

Rote-Rüben-Saft

Zutaten

für ca. 5 l

- ca. 7 ½ kg Rote Rüben (Bete)

Zubereitung

Rote Rüben putzen (dafür unbedingt Küchenhandschuhe verwenden) und die Spitzen abschneiden. Kleine bis mittelgroße Rüben können im Ganzen in den Haushaltsentsafter (Saftzentrifuge) gegeben werden. Den Kippschalter auf Stufe 2 (high) stellen und nach und nach alle Rüben entsaften.

Zum Pasteurisieren den gewonnen Saft in einem großen Kochtopf aufkochen und für etwa 5 Minuten auf 80 °C erhitzen.

Den fertigen Rübensaft in vorbereitete saubere Flaschen abfüllen. Mit in heißem Wasser bereitgestellten, ausgekochten Gummikappen dicht verschließen und die Flaschen für ca. 10 Minuten umlegen. Anschließend können sie stehend gelagert werden.

Rote-Rüben-Suppe
1–2 Zwiebeln schälen, würfelig schneiden und in Olivenöl anschwitzen. Mit 200 ml klarer Gemüsesuppe und 500 ml Rote-Rüben-Saft ablöschen und aufkochen. Mit dem Stabmixer pürieren, 300 ml Schlagsahne zugießen, mit Salz, Pfeffer und Muskatnuss würzen und ca. 10 Minuten bei schwacher Hitze köcheln lassen. Für die Einlage Ziegenfrischkäse zu Kugeln formen, in Mehl wenden, durch ein verquirltes Ei ziehen, in geröstetem Sesam panieren und kurz in Öl backen.

Apropos

An sich könnte man auch Zucker nach Geschmack beimengen, allerdings haben Rote Rüben meistens eine süße Note, sodass wir persönlich darauf verzichten würden. Für diese Art der Saftgewinnung eignet sich auch Sellerie ganz ausgezeichnet.

Rhabarbersaft

Zutaten

für ca. 5 l

- ca. 7 ½ kg Rhabarber
- 500 g Einmachzucker
- 4 Stück Sternanis

Zubereitung

Den Rhabarber von den Blättern befreien, waschen und in sehr kleine Scheiben schneiden. Mit dem Einmachzucker vermischen und einige Stunden ziehen lassen.

Den Wassertopf eines Dampfentsafters mit mindestens 1 l Wasser füllen, den gezuckerten Rhabarber in den gelochten Dämpfereinsatz füllen, Sternanis dazugeben und den Einsatz in den Saftbehälter setzen. Achten Sie darauf, dass der Silikonschlauch fest auf dem Ausfüllstutzen sitzt und die Schlauchklemme dicht schließt!

Wasser zum Kochen bringen und darauf achten, dass das Wasser den gesamten Zeitraum über gleichmäßig kocht und immer ausreichend Flüssigkeit vorhanden ist. Nach 35–40 Minuten ½–1 l Saft ablassen und nochmals über das Gemüse gießen.

Den Saft mithilfe des Silikonschlauchs in vorgewärmte saubere Flaschen abfüllen. Dabei am besten in einen Topf mit heißem Wasser stellen, um einen Temperaturausgleich zu schaffen und ein Zerplatzen der Flaschen zu verhindern.

Saft etwas überlaufen lassen und die Flaschen sofort mit in heißem Wasser bereitgestellten, ausgekochten Gummikappen verschließen. Abgefüllte Flaschen auf ein feuchtes Tuch stellen, abdecken und abkühlen lassen.

Apropos

Rhabarber hat einen geringen Kaloriengehalt und ist nicht zuletzt aufgrund seines pikant säuerlichen Geschmacks beliebt. Die Mischung „Rhabarber-Erdbeeren“ in den verschiedensten Varianten (z. B. als Kuchen, Konfitüre oder Kompott) gilt fast schon als Klassiker.

Holunderblütensirup

Zutaten

für ca. 3 l

- ca. 20 Holunderblüten
- ¾–1 kg Feinkristallzucker pro 1 l Saft
- 5 Zitronen
- 2 ½ l Wasser
- 1 Pkg. Einsiedehilfe

Zubereitung

Die großen Stängel der Holunderblüten von den Dolden abschneiden, da sie einen herben Geschmack haben (dafür unbedingt Haushaltshandschuhe verwenden). Holunderblüten (nicht waschen!), Wasser und die in Scheiben geschnittenen Zitronen 1 Tag an einem kühlen Ort stehen lassen.

Auf ein feuchtes, leicht gespanntes Safttuch (Leinentuch) geben und den Saft vollständig ablaufen lassen. Abwiegen und pro Liter Saft ¾–1 kg Zucker beifügen. Für rund 2 l fertigen Saft ½ Päckchen in heißem Wasser aufgelöste Einsiedehilfe beimengen.

Wenn sich der Zucker vollständig aufgelöst hat, in saubere Flaschen abfüllen. Mit in heißem Wasser bereitgestellten, ausgekochten Gummikappen oder in Alkohol getauchten Schraubverschlüssen dicht verschließen.

Omas Holunderblütensirup
40 nicht gewaschene Blüten, 4 l Wasser, 4 kg Feinkristallzucker, 150 g Weinsteinsäure und den Saft von 6 Zitronen zusammenmischen, 10 Tage stehen lassen und dabei immer wieder umrühren. Abseihen (filtrieren) und in vorbereitete saubere Flaschen abfüllen. Ein Schuss Holunderblütensirup mit einem Glas Sekt aufgegossen ist ein köstliches Getränk.

Apropos

Holunderblütensirup steht ganz oben auf der Hitliste der Sirupe und findet in der Küche auf vielfältigste Art Verwendung (z. B. bei Desserts, Cocktails, Soßen oder Dressings). Auf die gleiche Art lässt sich auch Minzesirup (mit 4 Handvoll Blättern und Blüten) herstellen.

Tomatensaft

Zutaten

für ca. 5 l

- ca. 7 ½ kg reife Tomaten

Zubereitung

Die Tomaten waschen und Strünke entfernen. Im Ganzen in den Haushaltsentsafter (Saftzentrifuge) geben, Kippschalter auf Stufe 1 (low) stellen und nach und nach alle Tomaten entsaften.

Zum Pasteurisieren den gewonnenen Saft in einem großen Kochtopf aufkochen und für etwa 5 Minuten auf 95 °C (!) erhitzen.

Den fertigen Tomatensaft in vorbereitete saubere Flaschen abfüllen und mit in heißem Wasser bereitgestellten, ausgekochten Gummikappen dicht verschließen. Flaschen für ca. 10 Minuten umlegen, anschließend können sie stehend gelagert werden.

Bloody Mary
Der wohl berühmteste „Tomatensaft" der Welt wurde 1921 in „Harry's New York Bar" in Paris erfunden. Dafür pro Glas zerstoßene Eiswürfel in einen Cocktailshaker füllen und je einen Schuss Worcestersauce sowie Tabasco dazugeben. Dann 40 ml Wodka, etwas trockenen Sherry, den Saft einer halben Zitrone und 120 ml Tomatensaft dazugießen. Kräftig schütteln, in ein gekühltes Glas abseihen, Selleriesalz sowie Cayennepfeffer darüberstreuen und mit Zitronenscheibe und eventuell Stangensellerie dekorieren.

Apropos

Tomatensaft ist ein wunderbares Ausgangsprodukt für Suppen, Risotti und viele andere Gerichte. In diesem Fall muss der Saft auch nicht pasteurisiert werden.

Lavendelsaft

Zutaten

für ca. 5 l

- ca. 500 g Lavendelblüten und -blätter
- ca. 2 kg Feinkristallzucker
- 90 g Zitronensäure
- 180 g Vanillezucker
- 3 ½ l Wasser

Zubereitung

Wasser mit Kristallzucker, Vanillezucker und Zitronensäure vermischen, einmal kurz aufkochen lassen und vom Herd nehmen.

Die Lavendelblüten und -blätter waschen und dazugeben. Achten Sie darauf, dass der Sud keinesfalls kocht, da der Saft sonst bitter wird!

Die Mischung abkühlen lassen und durch ein Sieb seihen. Den fertigen Saft in vorbereitete saubere Flaschen abfüllen und mit in heißem Wasser bereitgestellten, ausgekochten Gummikappen dicht verschließen.

Apropos

Wenn Sie die Möglichkeit haben, geben Sie dem besonders aromatischen wilden Lavendel gegenüber dem gezüchteten Gartenlavendel den Vorzug.

Paprikasaft

Zutaten

für ca. 5 l

- ca. 6 ½ kg Paprika (rot, gelb oder orange)
- Chili (nach Bedarf)

Zubereitung

Die Paprika waschen, Stiele abschneiden, halbieren und putzen (alle Kerne entfernen). Die Paprikastücke in den Haushaltsentsafter (Saftzentrifuge) geben, den Kippschalter auf Stufe 2 (high) stellen und nach und nach das Gemüse entsaften. (Man kann die Paprika auch nur entstielen und sofort in den Entsafter geben, unsere Variante ist etwas „feiner").

Zum Pasteurisieren den gewonnenen Saft in einem großen Kochtopf aufkochen und für etwa 5 Minuten auf 80 °C erhitzen.

Den fertigen Paprikasaft in die vorbereiteten sauberen Flaschen abfüllen, mit in heißem Wasser bereitgestellten, ausgekochten Gummikappen dicht verschließen und die Flaschen für ca. 10 Minuten umlegen. Anschließend kann man sie stehend lagern.

Paprikasuppe

1–2 Zwiebeln schälen, würfelig schneiden und in Olivenöl anschwitzen. Mit 200 ml klarer Gemüsesuppe und 500 ml Paprikasaft ablöschen und aufkochen. Mit dem Stabmixer pürieren, 300 ml Sahne zugießen, mit Salz, Pfeffer und Muskatnuss würzen und etwa 10 Minuten bei schwacher Hitze köcheln lassen. Als Einlage empfehlen wir gegrillte und in Stücke geschnittene Paprika.

Apropos

Saft aus roten und gelben bzw. orangen Paprika ist überraschend süß. Wir empfehlen daher als besondere Würze einige Chilistücke (mit Kernen) als Beigabe.

Gurkensaft

Zutaten

für ca. 5 l

- ca. 6 kg Gurken

Zubereitung

Gurken waschen, jeweils in 2–3 Stücke schneiden und in den Haushaltsentsafter (Saftzentrifuge) geben. Den Kippschalter auf Stufe 2 (high) stellen und nach und nach alle Gurken entsaften.

Zum Pasteurisieren den gewonnenen Saft in einem großen Kochtopf aufkochen und für etwa 5 Minuten auf 80 °C erhitzen.

Den fertigen Gurkensaft in vorbereitete saubere Flaschen abfüllen. Mit in heißem Wasser bereitgestellten, ausgekochten Gummikappen dicht verschließen und die Flaschen für ca. 10 Minuten umlegen. Anschließend können sie stehend gelagert werden.

Gurken-Kaltschale
500 ml Gurkensaft (der in diesem Fall nicht pasteurisiert sein muss) mit 500 ml Naturjoghurt mischen, 2–3 Knoblauchzehen hineindrücken, Salz und Pfeffer und etwas Olivenöl dazugeben. Alles gut durchmischen, je nach Geschmack das Verhältnis von Saft und Joghurt nachdosieren und zum Schluss eine halbe, in kleine Streifen geschnittene, frische Gurke untermischen. Im Kühlschrank kalt werden lassen, mit Oliven und etwas Oregano dekorieren, und servieren! Wem Joghurt zu flüssig ist, der kann stattdessen einfach saure Sahne verwenden.

Apropos

Zum Entsaften eignet sich die „klassische" längliche Salatgurke (auch „Schlangengurke" genannt) am besten. Man sollte die Gurken keinesfalls schälen, da die Schale ein wichtiger Geschmacksträger ist.

Zitronenmelisse-Mix

Zitronenmelissensaft mit etwas Holunderblütensirup (Rezept siehe Seite 65), etwas gemahlener Vanille und reichlich Sprudel oder Mineralwasser mit Kohlensäure nach Belieben und Geschmack mischen. In ein mit Eiswürfeln gefülltes hohes Glas füllen, mit einem Minzezweig dekorieren und servieren.

Omas Zitronenmelissensaft

Zutaten

für ca. 3 l

- 4 Handvoll Melissenblätter (ca. 400 g)
- ca. 2 ½ kg Feinkristallzucker
- 50 g Zitronensäure
- 1 ½ Zitronen
- 3 l Wasser
- 1 Pkg. Einsiedehilfe

Zubereitung

Wasser und Melissenblätter in einen Topf füllen und einen Tag an einem kühlen Ort stehen lassen.

Auf ein feuchtes, leicht gespanntes Safttuch (Leinentuch) geben und den Saft vollständig ablaufen lassen. Mit Zucker, Zitronensäure und Zitronensaft oder -scheiben vermischen und in heißem Wasser aufgelöste Einsiedehilfe zufügen.

Wenn sich der Zucker vollständig aufgelöst hat, in vorbereitete saubere Flaschen füllen und mit in heißem Wasser bereitgestellten, ausgekochten Gummikappen oder in Alkohol getauchten Schraubverschlüssen dicht verschließen.

Apropos

Verwenden Sie vorzugsweise Feinkristallzucker, da sich dieser schneller auflöst als gewöhnlicher Kristallzucker. Orangenmelisse- oder Minzesaft lassen sich auf dieselbe Art und Weise herstellen.

Mischungen

Apfel-Karotten-Saft

Zutaten

für ca. 5 l

- 6 kg säurebetonte Äpfel (z. B. Boskop)
- 1 ½ kg Karotten

Zubereitung

Die Karotten putzen, waschen und Enden entfernen. Mittelgroße Karotten können im Ganzen in den Haushaltsentsafter (Saftzentrifuge) gegeben werden, große Karotten vorher in Stücke schneiden. Kippschalter auf Stufe 2 (high) stellen und nach und nach alle Karotten entsaften. Den Saft beiseitestellen.

Äpfel waschen und Stiele entfernen. Mittelgroße Äpfel können im Ganzen verwendet werden, sehr große Früchte halbieren oder vierteln. In den Haushaltsentsafter (Saftzentrifuge) geben, Kippschalter auf Stufe 2 (high) stellen und nach und nach alle Früchte entsaften.

Die beiden Säfte im Verhältnis 4 : 1 mischen und in vorbereitete saubere Flaschen abfüllen. Mit in heißem Wasser bereitgestellten, ausgekochten Gummikappen dicht verschließen und innerhalb weniger Tage verbrauchen. Soll der Saft länger haltbar sein, dann muss man ihn gemäß Grundrezept (siehe Seite 21) pasteurisieren.

Apropos

Der Apfel-Karotten-Saft zählt schon seit vielen Jahren zu den beliebtesten Saftmischungen der Familie Mohr-Sederl. Die Mischung von Obst und Gemüse, dazu die knallorange Farbe und der erfrischende Geschmack sind einfach unwiderstehlich!

Apfel-Sauerkirschen-Saft

Zutaten

für ca. 5 l

- 5 ¼ kg säurearme Äpfel (z. B. Golden Delicious)
- 2 ¼ kg Sauerkirschen

Zubereitung

Die Kirschen waschen, entstielen und entsteinen. In den Haushaltsentsafter (Saftzentrifuge) geben, Kippschalter auf Stufe 1 (low) stellen und nach und nach alle Früchte entsaften. Den auf diese Art gewonnenen Saft beiseitestellen.

Äpfel auf die gleiche Weise wie im vorangegangenen Rezept entsaften.

Die beiden Säfte im Verhältnis 7 : 3 mischen und in vorbereitete saubere Flaschen abfüllen. Mit in heißem Wasser bereitgestellten, ausgekochten Gummikappen dicht verschließen und innerhalb weniger Tage verbrauchen. Soll der Saft länger haltbar sein, dann muss man ihn gemäß Grundrezept (siehe Seite 21) pasteurisieren.

Orangenschaum-Limonade

Zutaten

für 1–2 l

- ca. 1 kg Orangen
- ½–1 l Sprudel bzw. Mineralwasser mit Kohlensäure
- Eiswürfel

Zubereitung

Orangen schälen und im Kühlschrank vorkühlen. Anschließend in den Haushaltsentsafter (Saftzentrifuge) geben, Kippschalter auf Stufe 1 (low) stellen und nach und nach alle Orangen entsaften.

Der Saft ist besonders schaumig und bekömmlich und eignet sich bereits so ideal als kühles Erfrischungsgetränk. Den Saft mit Sprudel mischen und mit Eiswürfeln servieren.

Orangen-Grapefruit-Limetten-Sirup

Zutaten

für ca. 3 l

- ca. 2 ½ kg Orangen
- ca. 2 ½ kg Grapefruit
- ca. 1 kg Limetten
- 2 kg Feinkristallzucker

Zubereitung

Nacheinander Orangen, Grapefruits und Limetten mit einer Zitruspresse entsaften. Für den Zitrussirup benötigt man etwa je 800 ml Orangen- und Grapefruitsaft und rund 400 ml Limettensaft. Die frisch gepressten Säfte mischen und durch ein feines Sieb abseihen. Den Zucker dazugeben, aufkochen und ca. 5 Minuten sprudelnd kochen lassen.

Den heißen Sirup in vorbereitete saubere Flaschen füllen und mit in heißem Wasser bereitgestellten, ausgekochten Gummikappen oder in Alkohol getauchten Schraubverschlüssen verschließen. Die Flaschen für ca. 10 Minuten umlegen, anschließend können sie stehend gelagert werden.

Himbeer-Zitronen-Sirup

Zutaten

für ca. 3 l

- ca. 3 kg Himbeeren
- ca. 130 g Einmachzucker
- ½–1 kg Zitronen
- 1 ¾ kg Feinkristallzucker

Zubereitung

Die Himbeeren am besten Dampfentsaften (siehe Grundrezept Seite 22). Pro 1 ½ kg Himbeeren benötigt man 65 g Einmachzucker und erhält nach 30 Minuten etwa 1 l Saft. Die Zitronen in einer Zitruspresse auspressen.

Himbeer- und Zitronensaft mit dem Kristallzucker vermischen, auf etwa 80 °C erhitzen und heiß in vorbereitete saubere Flaschen abfüllen. Mit in heißem Wasser bereitgestellten, ausgekochten Gummikappen oder in Alkohol getauchten Schraubverschlüssen verschließen. Die Flaschen für ca. 10 Minuten umlegen, anschließend können sie stehend gelagert werden.

Harry's Mix

Zutaten

für 1 l

- 1 großer Kürbis
- Marillensirup (Aprikosensirup) nach Geschmack (Rezept siehe Seite 41)
- etwas Honig
- 1 Schuss Kernöl
- geröstete Kürbiskerne

Zubereitung

Den Kürbis in Stücke schneiden, schälen, entkernen und 10–15 Minuten in einem Topf mit ausreichend Wasser weich kochen. Anschließend mit etwas Wasser in einem Standmixer pürieren.

In Gläser gießen und dabei im Verhältnis 2 : 1 mit Marillensirup mischen sowie mit etwas Honig abschmecken. Als Dekoration bieten sich ein Schuss Kernöl und einige geröstete Kürbiskerne an.

Varianten

- Den Kürbis nicht kochen, sondern die Stücke sofort im Standmixer pürieren und in Gläser gießen. Mit Apfelsaft (2 : 1) mischen und bei Bedarf mit Honig abschmecken.

- Kürbis kochen, im Standmixer pürieren, in Gläser gießen und mit Milch und Honig abschmecken.

Apropos

Im Handel ist Kürbissaft eher schwer erhältlich. Es empfiehlt sich, auf den Herbst zu warten, denn während der Saison werden Kürbisse in vielen Sorten angeboten. Besonders gut zur Weiterverarbeitung eignet sich die Sorte Hokkaido.

Energiesaft mit Ingwer und Sellerie

Zutaten

für 1 l

- 1 große Süßkartoffel
- 6 Selleriestangen
- 6 Orangen
- 1 kleines bis mittelgroßes Stück frischer Ingwer

Zubereitung

Zunächst die Süßkartoffel putzen und waschen. Den Sellerie putzen und die Orangen schälen. Anschließend Süßkartoffel, Sellerie, Ingwer und Orangen nacheinander mithilfe eines Haushaltsentsafters (Saftzentrifuge) entsaften.

Zum Schluss alles mischen und sofort servieren. Das Ergebnis schmeckt überraschend und ist ein nicht alltägliches Energiegetränk. Trauen Sie sich!

Petersiliendrink

Zutaten

für ca. 1 l

- 2 große Bund frische Petersilie
- 4 mittelgroße Karotten
- 1 ½ große Gurken
- 4 mittelgroße Tomaten

Zubereitung

Die Karotten putzen, Enden abschneiden und waschen. Die Gurken und Tomaten waschen. Anschließend Tomaten, Gurken, Petersilie und Karotten nacheinander mittels Haushaltsentsafter (Saftzentrifuge) entsaften. Zum Schluss alles mischen und sofort servieren!

Apropos

Roher Petersiliensaft hat eine sehr starke Wirkung und sollte pur nur in kleinen Mengen (max. 30 ml) oder z. B. mit Tomaten- bzw. Karottensaft (siehe Seiten 66 und 26) genossen werden. Unterstützt Stoffwechsel sowie Nebennieren und Schilddrüse und hilft bei Nieren- und Blasensteinen sowie Nierenentzündungen.

Apfel-Rote-Rüben-Saft

Zutaten

für ca. 5 l

- 6 kg Äpfel (Boskop)
- 1 ½ kg Rote Rüben (Bete)

Zubereitung

Rote Rüben putzen und Spitzen abschneiden (dafür unbedingt Haushaltshandschuhe verwenden). Mittelgroße Rüben können im Ganzen verwendet werden, große Rüben in Stücke schneiden. In einen Haushaltsentsafter (Saftzentrifuge) geben, den Kippschalter auf Stufe 2 (high) stellen und nach und nach alle Rüben entsaften. Den Saft beiseitestellen.

Äpfel waschen, Stiele entfernen. Mittelgroße Äpfel können im Ganzen verwendet werden, sehr große Früchte bei Bedarf halbieren oder vierteln. Äpfel in einen Haushaltsentsafter (Saftzentrifuge) geben, den Kippschalter auf Stufe 2 (high) stellen und nach und nach alle Früchte entsaften.

Die beiden Säfte im Verhältnis 4 : 1 mischen und in saubere Flaschen abfüllen. Mit in heißem Wasser bereitgestellten, ausgekochten Gummikappen dicht verschließen und innerhalb weniger Tage verbrauchen. Soll der Saft länger haltbar sein, dann muss man ihn gemäß dem Grundrezept (siehe Seite 21) pasteurisieren.

Apropos

Der Saft von Roten Rüben ist besonders gesund. Sein Hauptinhaltsstoff „Betanin" unterstützt die Entgiftungsarbeit der Leber. Darüber hinaus hilft Rote-Rüben-Saft bei der Senkung des Blutdrucks.

Apfel-Himbeer-Saft

Zutaten

für ca. 5 l

- 5 ½ kg Äpfel
- 2 ¼ kg Himbeeren
- 125 g Einmachzucker

Apropos

Diese „spritzige" Kombination ist aufgrund ihres erfrischenden Effekts und der tollen tiefroten Farbe uneingeschränkt die Nummer 1 der beliebtesten Mohr-Sederl-Säfte.

Zubereitung

Die Himbeeren am besten dampfentsaften (siehe Grundrezept Seite 22). Äpfel auf die gleiche Weise wie im vorangegangenen Rezept entsaften.

Die beiden Säfte im Verhältnis 7 : 3 mischen und in saubere Flaschen abfüllen. Mit in heißem Wasser bereitgestellten, ausgekochten Gummikappen dicht verschließen und innerhalb weniger Tage verbrauchen. Soll der Saft länger haltbar sein, dann muss man ihn gemäß dem Grundrezept (siehe Seite 21) pasteurisieren.

Apfel-Pfirsich-Grapefruit-Saft

Zutaten

für ca. 1 l

- 2 kleine Äpfel
- 4 große Pfirsiche
- 4 Grapefruits

Zubereitung

Äpfel waschen und entstielen. Pfirsiche waschen, halbieren, entsteinen und waschen. Grapefruits schälen, am einfachsten geht das mit einem Orangenschäler.

Anschließend die Früchte in der oben genannten Reihenfolge nacheinander mithilfe eines Haushaltsentsafters (Saftzentrifuge) entsaften. Zum Schluss die Säfte miteinander mischen und sofort servieren!

Operator's Smoothie

Zutaten

für ca. 1 l

- 1–2 Bananen
- 1 Ananas
- ca. 250 g frische Erdbeeren
- ca. 500 g Orangen

Apropos

Ein Ananasschneider aus Kunststoff ist kostengünstig in jedem gut sortierten Fachgeschäft erhältlich!

Zubereitung

Bei der Ananas den Strunk entfernen und das Fruchtfleisch am besten mit einem speziellen Ananasschneider von Schale und Mittelstück trennen.

Anschließend in ca. 2 cm dicke Ananasscheiben und dann in kleine Stücke schneiden. (Achtung: Verwenden Sie am besten Haushaltshandschuhe, da man sich an der Ananas leicht verletzen kann!)

Die Erdbeeren waschen und Grün entfernen. Bananen schälen und in dicke Scheiben schneiden. Orangen mit einer Zitruspresse auspressen (ca. 300 ml). Ananas, Bananen und Erdbeeren in einen Standmixer geben, den Orangensaft zugeben und gut durchmixen.

Smoothies leicht gemacht

Bananen bilden bei vielen Smoothies die Grundzutat. Wem der nebenstehende Drink zu dickflüssig ist, der kann ihn mit mehr Orangensaft verdünnen. Man kann den Drink auch noch mit etwas fettarmer Milch verfeinern. Erfinden Sie eigene Smoothies und kombinieren Sie Bananen mit den verschiedensten Obstsorten – nicht nur Kinder werden begeistert sein!

1.0
0.75
0.5
LOCK

Karottensaft mit Honig

Eine verfeinerte Karottensaftvariante erhalten Sie, wenn Sie den fertigen Karottensaft zusätzlich mit 1 EL Apfelsaft (siehe Grundrezept Seite 21), 1 EL Zitronensaft und 1 TL Honig verfeinern. Nun können Sie den Saft nach der gleichen Methode wie auf Seite 89 beschrieben weiterverarbeiten.

Karotten-Basilikum-Mix

Zutaten

für ca. 1 l

- ca. 1 kg Karotten
- 2 EL Zitronensaft
- ca. 400 ml Buttermilch
- ca. 200 ml Naturjoghurt
- 1 Bund Basilikum
- Salz

Zubereitung

Die Karotten putzen, Enden abschneiden und waschen. Kleine und mittelgroße Karotten können im Ganzen in den Haushaltsentsafter (Saftzentrifuge) gegeben werden. Den Kippschalter auf Stufe 2 (high) stellen und nach und nach alle Karotten entsaften.

Den Karottensaft mit 2 EL Zitronensaft und der Buttermilch mit einem Stabmixer vermischen. Basilikum grob schneiden, dann den Joghurt dazugeben, pürieren und salzen.

Die Basilikum-Joghurt-Mischung in Gläser füllen und die Karotten-Buttermilch-Mischung vorsichtig darübergießen (Achtung: Gläser dabei schräg halten).

Apropos

Wenn Sie einen Standmixer zur Verfügung haben, können Sie nach der Zubereitung des Karottensafts auch alles auf einmal mixen. Dabei geht zwar das Farbenspiel verloren, nicht aber der Geschmack.

Dieses Rezept stammt von dem bekannten Radio- und Fernsehmoderator Matthias Euler-Rolle.

Sporty

Zutaten

für ca. 1 l

- ca. 175 g Erdbeeren
- 1 Ananas
- 2 Zitronen
- ca. 7–8 Maracujas
- 2 Grapefruits
- 70 ml Erdbeersirup
  (Rezept siehe Seite 52)

Zubereitung

Achten Sie beim Einkauf darauf, dass Sie Maracujas der dunklen Sorte „Passiflora forma edulis" bekommen, idealerweise mit etwas runzeliger Haut, da diese insgesamt mehr Saft geben als die gelben.

Erdbeeren waschen, Stiele entfernen und mithilfe eines Stabmixers pürieren. Die Zitronen, die Maracujas und die Grapefruits halbieren und mithilfe einer Zitruspresse entsaften. Bei der Ananas den Strunk entfernen und das Fruchtfleisch am besten mit einem Ananasschneider von Schale und Mittelstück trennen. Anschließend in ca. 2 cm dicke Ananasscheiben und dann in kleine Stücke schneiden. (Achtung: Verwenden Sie am besten Haushaltshandschuhe, da man sich an der Ananas sehr leicht verletzen kann!)

70 ml Erdbeersirup, 100 ml Erdbeerpüree, 40 ml Zitronensaft, 150 ml Grapefruitsaft und je 250 ml Ananas- und Maracujasaft in einem Standmixer mischen. Anschließend Eiswürfel in einen Cocktailshaker geben, etwa 220 ml der fertigen Mischung dazugeben und kräftig schütteln. Nun einige Eiswürfel in ein Cocktailglas geben und den Drink durch ein Barsieb dazugießen.

Dieses Rezept stammt von Edi Finger jun. Der Sohn der gleichnamigen Reporterlegende genießt heute längst selbst Legendenstatus.

Apropos

Sollten einmal keine frischen Erdbeeren zur Verfügung stehen, dann können Sie das Erdbeerpüree auch durch einen Mix aus Zitronensaft und Erdbeersirup im Verhältnis 2 : 1 ersetzen. Statt frischer Ananas oder Maracujas kann man auch Ananas- oder Maracujasaft verwenden. Wirklich „sportlich“ ist's aber natürlich nur, wenn auch alle Säfte „frisch“ hergestellt werden!

Tropical Fantasy

Zutaten

für ca.1 l

- 2 Mangos
- 3 Kiwis
- ½–1 Ananas
- 1 Tasse frische Pfefferminzblätter
- Crushed Ice

Zubereitung

Die Mangos schälen und entkernen, die Kiwis schälen. Bei der Ananas den Strunk entfernen und das Fruchtfleisch am besten mit einem Ananasschneider von Schale und Mittelstück trennen.

Anschließend in ca. 2 cm dicke Ananasscheiben und dann in kleine Stücke schneiden. (Achtung: Verwenden Sie am besten Haushaltshandschuhe, da man sich an der Ananas sehr leicht verletzen kann!)

Anschließend Mangos, Kiwis und Ananas nacheinander mithilfe eines Haushaltsentsafters (Saftzentrifuge) entsaften.

Das Eis auf 4 Longdrink-Gläser verteilen, alle Säfte miteinander vermischen und über das Eis gießen.

Apropos

Wenn Sie die Ananas mit einem Ananasschneider ausgehöhlt haben, können Sie die Schale als spektakuläres Gefäß für diesen Drink verwenden.

Register

Apfel-Himbeer-Saft ... 85
Apfel-Karotten-Saft ... 76
Apfel-Pfirsich-Grapefruit-Saft ... 85
Apfel-Rote-Rüben-(Bete-)Saft ... 84
Apfel-Sauerkirschen-Saft ... 78
Apfelsaft-Balsamico-Dressing ... 30
Apfelsaft, naturtrüber aus 3 Sorten ... 30
Apfelsaft, sortenreiner naturtrüber ... 21

Birnen-Kornelkirschen-Kompott ... 38
Birnensaft, naturtrüber ... 32
Bloody Mary ... 66

Eisbecher mit Waldfrüchten ... 57
Energiesaft mit Ingwer und Sellerie ... 83
Erdbeersirup ... 50

Granatapfelsirup ... 53
Gurken-Kaltschale ... 71
Gurkensaft ... 71

Hagebuttensaft, Omas ... 48
Harry's Mix ... 80
Heidelbeersirup ... 56
Himbeersaft ... 22
Himbeersirup ... 25
Himbeer-Zitronen-Sirup ... 79
Holunderbeerschnaps, Omas ... 59
Holunderbeersirup, schwarzer ... 59
Holunderblütensirup ... 65
Holunderblütensirup, Omas ... 65

Johannisbeersirup ... 49

Karotten-Basilikum-Mix ... 89
Karottensaft ... 26
Karottensaft mit Honig ... 88
Kirschsaft ... 33
Kornelkirschensirup ... 37

Lavendelsaft ... 69

Marillengelee (Aprikosengelee) ... 41
Marillensirup (Aprikosensirup) ... 41

Nektarinennektar ... 42
Nektarinensoße ... 42

Operator's Smoothie ... 86
Orangen-Grapefruit-Limetten-Sirup ... 79
Orangenschaum-Limonade ... 78

Paprikasaft ... 70
Paprikasuppe ... 70
Petersiliendrink ... 83
Pfirsichnektar ... 38
Pflaumensaft ... 34
Preiselbeersirup ... 55

Rhabarbersaft ... 64
Rote-Rüben-(Bete-)Saft ... 62
Rote-Rüben-(Bete-)Suppe ... 62

Sauerkirschensaft ... 33
Schokolademousse mit Erdbeeren ... 50
Sporty ... 90
Stachelbeersirup ... 54

Tequila Sunrise ... 53
Tomatensaft ... 66
Traubenpunsch ... 46
Traubensaft ... 47
Tropical Fantasy ... 93

Zitronen-Himbeer-Sirup ... 79
Zitronenmelissensaft, Omas ... 73
Zitronenmelisse-Mix ... 72

Mohr-Sederl Fruchtwelt
Andreas Sederl
Neue-Welt-Straße 109
A-2732 Zweiersdorf
www.mohr-sederl.com

Verwendete Literatur

Hugh Johnson: Hugh Johnsons Weingeschichte, Hallwag Verlag, Bern, Stuttgart 1990

Roderick Phillips: Die große Geschichte des Weins, Campus Verlag, Frankfurt am Main 2001

Ernst Schubert: Essen und Trinken im Mittelalter, Primus Verlag, Darmstadt 2006

Dank und Widmung

Unser Dank gilt vor allem unseren Familien für ihre stete Unterstützung. Darüber hinaus danken wir unseren prominenten Gastautoren für ihre Beiträge; unserem Lektor Jürgen Ehrmann und dem Fotografen Miguel Dieterich, die alles ins rechte Licht gerückt haben; Elke Heinfellner für ihre Hinweise und Tipps zu verschiedenen Rezepten; vor allem aber Anita Steininger, die nicht nur viele der Rezepte für uns auf ihre Alltagstauglichkeit überprüft hat, sondern auch beim praktischen Zubereiten mit sinnvollen Anregungen stets zur Stelle war.

Last, but not least danken wir unseren Großmüttern, die uns als Kinder mit ihren Fruchtsäften immer eine Freude bereitet haben. Ihnen sei dieses Buch gewidmet!

Impressum

avBUCH im Cadmos Verlag

Umschlag und Layout: Ravenstein + Partner, Verden
Lektorat und Satz: Jürgen Ehrmann, media-solutions.at

Coverfoto: Miguel Dieterich
Fotos im Innenteil: Miguel Dieterich

Druck: Westermann Druck, Zwickau

Deutsche Nationalbibliothek – CIP-Einheitsaufnahme
Die Deutsche Nationalbibliothek verzeichnet diese Publikation in der Deutschen Nationalbibliografie; detaillierte bibliografische Daten sind im Internet über http://dnb.ddb.de abrufbar.

Printed in Germany

ISBN: 978-3-8404-7401-9